ONU KENDİNE AŞIK ET

Bu kitap, ruh eşlerini buluşturmaya adanmış spiritüel bir rehberdir. Ritüeller, tılsımlar, enerji çalışmaları, dualar, Meleklerin Mucizeleri yolunuzu aydınlatsın. Şimdi ve tüm zamanlara doğru AŞK olsun.

TUĞÇE IŞINSU

FENİKS

Feniks Kitap: 40
Kişisel Gelişim / Aşk ve İlişkiler : 2

Tuğçe Işınsu
Onu Kendine Aşık Et

Genel Yayın Yönetmeni: Muharrem Kaşıtoğlu
Kapak Tasarım: Sabahattin Kanaş
Sayfa Düzeni: Adem Şenel

Baskı-Cilt : Kayhan Matbaacılık San. ve Tic. Ltd. Şti.
Davutpaşa Cad. Güven san. Sit. C Blok No:244 Topkapı/İstanbul
Tel : 0 212 612 31 85 Sertifika No:12156

16. Baskı: eylül 2017

ISBN: 978-605-4726-28-8

Feniks Kitap, Artı Yayın Dağıtım San. Tic. Ltd. Şti'nin tescilli markasıdır.

Feniks Kitap
Alemdar Mah. Çatalçeşme Sok. Defne Han
No:12 34110 Cağaloğlu-İstanbul
Tel: (0212) 526 70 13 • Faks: (0212) 512 09 14
www.fenikskitap.com

Genel Dağıtım: Artı Dağıtım
Alemdar Mah. Çatalçeşme Sok. Çatalçeşme Han
No: 25/2 34110 Cağaloğlu-İstanbul
Tel: (0212) 514 57 87 • Faks: (0212) 512 09 14
www.artidagitim.com.tr

ONU KENDİNE AŞIK ET

Bu kitap, ruh eşlerini buluşturmaya adanmış spiritüel bir rehberdir. Ritüeller, tılsımlar, enerji çalışmaları, dualar, Meleklerin Mucizeleri yolunuzu aydınlatsın. Şimdi ve tüm zamanlara doğru AŞK olsun.

TUĞÇE IŞINSU

FENİKS

İÇİNDEKİLER

TEŞEKKÜRLER!

30 yaş öncesi, beni aldatan, terk eden, sevmeyen, aramayan, aptal yerine koyan, bir varmış bir yokmuş gibi davranan, yalan söyleyen, ilgisiz davranan erkeklere sonsuz teşekkürler, siz olmasaydınız başaramazdım.

1. KISMET

Gelen danışanların çoğu ilk görüşmemizde, "kader kısmet" sizce tam olarak nedir diye bir soru sorarlar. "Zamanında yıllarımı verdiğim kendimden çok sevdiğime inandığım bir erkeğin şimdi mutlu olacağına inandığım aşkının, bana danışan olarak gelmesi ve benim onlara canı gönülden tüm iyi niyetim ile destek olabilmem..." derim ben de, bu örnek gerçek hayatımdan...

Ana ve mutlak bir kader planı tabi ki var, tüm kutsal kitaplar da bunu onaylıyor. Kader planı, karma yolu, ana plan... Fakat bu ana planın içinde, Meleklere olmayan ama bizde var olan özel "özgür irade" gücümüz ile bizlere seçim yapma, hata yapma, değiştirme, dönüştürme şansı da verilmişti. Allah Mutlak Güç'tür, istese herşey onun kontrolünde olurdu ama O insanın neler yapacağını merak etmiştir. Cennet'te tuttuğu Adem ile Havva'nın Dünya'ya inmesine izin verdi. İnsan soyunu çoğalttı ve böylece "insan ne yapacak" görmek istedi.

Yaşamlarınızda "karma borcunuz" olan acıları, bedelleri ödersiniz ama bunun dışında seçimler de çok önemlidir. Bilinçaltımızda bilincinde olmadığımız bir biz daha var. Orası aslında bizleri yönetiyor. Çoğumuz materyalist dünyanın içinde kaybolmuş şekilde yaşıyoruz. "Kısmetimde yokmuş" bu olay dediğimiz pekçok konu aslında bilinçdışımız ile sabote ettiklerimiz.

Aşkta da durum aynıdır. Hayatın genel kuralları tabi ki aşk ve ilişkiler için de geçerlidir. Spiritüel Enerji Yasalarını bilirseniz, aşkta ruh ikizinizi yaşamınıza çekebilir, yanlış ilişkinizi sevgiyle sonlandırabilir, gerçek mutluluğa geçiş yapabilirsiniz.

Biz dünyaya gelmeden önce Yüksek Benliğimiz önemli bir anlaşma yapar. Bu yaşamınızda bu ana kadar size acı veren, aldatan, terk eden, kendinizi aşkta kötü hissettiren herkese mutlaka şükretmelisiniz ardından onları "affetmelisiniz". Affetme konusu çok yanlış anlaşılan bir konu; onun haklı olması gerekmiyor, affettiğinizde bu yaşanan acı olay onun yanına kar olarak da kalmıyor, her ikiniz de bu olaydan gerekli yaşam derslerini aldıysanız şimdi affetme yani serbest bırakma, yükü atma zamanı.

Aşkta aldatılmayı affedemezseniz yeniden aldatan biri yaşamınıza çekilebilir ya da mevcut kişi yine sizi aldatabilir. Yalnızlıktan dolayı kendinizi suçluyorsanız ve kendinizi affetmeye niyetiniz yoksa, yalnızlık enerjisini yaşamınızda büyütürsünüz, yalnızlık size mıknatıs gibi yapışır.

Ruhunuzun ihtiyaç duyduğu bir gelişim süreci var bunu da tamamlayabilmesi için, gerektiğinde darbe alacak, acı çekecek, aldatılacak, terk edileceksiniz... Zamanında sürmüş olan 5 yıllık ilişkimde araya başka kadınlar girerdi. "Neden sürekli çokeşli bir erkeğe katlanıyorum" derdim, şimdi karşıma oturan danışanların çoğu çokeşli erkeklerle birlikte eğer o eski erkek arkadaşım olmasaydı bu duyguyu bilemeyecektim. Bilmediğiniz bir konuda da bence kimseye yardımcı olamazsınız. O nedenle yaşamı boyu, hep mutlu ilişkiler geçirmiş uzun yıllardır aynı erkekle evli bir ilişki danışmanını takdir ederim ama eksik de bulurum.

Evleneceğiniz kişi ile aranızda ödenecek çok ilginç bir karma borcunuz da olabilir. Tecrübe etmeniz gereken şey yalnızlıksa ilişkinizin içinde yalnız da kalabilirsiniz. Birilerini yanlış şekilde ve merhametsizce terk ettiyseniz elbette ki siz de bir karma borcu yarattınız ve bu da ödenecek. O nedenle hep söylüyorum hayatın her alanında, aşk da dahil kim ne yaparsa kendine yapar. Biri kötülük yaptığı anda ilk olarak o kişiye acırım bu nedenle...

Bütün insanlar buraya öğrenmeye gelişmeye gelir, yani Dünyaya... Burada büyük yaşam dersleri daha çok acı olaylarla alınır. Hayır ve şer Allah'tan gelir, kötü olaylara isyan etmek kötülüğün enerjisinin yaşamınızda kök salmasına sebep olur. Yaşam dersini alıp konuyu sevgiyle ve hızla gönderebiliyor olmanız lazım ki bu kitap bu yönde size IŞIK olacak. Yükseliş ve aydınlanma için geldiğimiz bu boyutta, sevdiğimiz kişi aşkımıza bize aslında aynalık görevi yapıyor. O bizimle aynı, bizden biri, bize kendimizi hatırlatıyor. Ya bizde olmayan ama olması gereken onda var ya da bize aslında kurtulmamız gereken birşeyi anlatmak için geldi.

Birini aşkta ilişkide gerçekten incitirseniz ya da ona zarar verirseniz karma borcunuz büyür. Aynı aşk sorunları ile tekrar tekrar karşılaşıyorsanız henüz gerekli yaşam dersiniz almamış ve hala şükürde kalmayı beceremiyorsunuz demektir. İsyan etmeyin, geriye dönün, kök sebebi bulup şifasını çalışın, serbest bırakın. Bu kitapta gerekli çalışmalar sizi bu alanda zaten IŞIK'a götürecek. Doğduğumuzda unuturuz ama yaşamaya başladıkça tek tek bu boyutta bize lazım olan bilgileri hatırlamaya başlarız. Tüm bilgiler bizde doğuştan var ki zaten Ortak Bilgi Havuzu Kolektif Bilinç'ten doğarken de bunları alıyoruz, çekiyoruz.

Melek Danışmanı da olduğum için bu kitaptaki mistik ve aşk dolu yolculuğunuza "Melekleri" de tabi ki ekledim. Melek enerjisine gerçekten uyumlanan, inanan, arınmış bir ruhun gelecekte çok da fazla yanlış aşk partnerlerini çekebileceğine inanmıyorum. Meleklerle ilgili tüm çalışmalar bizi daha saf ve olmamız gerektiği gibi kılar. Bunun sonucu olarak ya yanlış mevcut ilişki sevgi ile biter ya da ruh ikizi gelir. Hepimizin Kişisel Koruyucu Meleği var ayrıca Ruhsal Rehberleri. Aşk adına kendimizi tanıma, enerji çalışmaları yapma ya da yaygın terim ile "kısmetimizi açma" yolunda Işık Varlıklar da bizi zaten aydınlatır. Bilmediğimiz hiçbir şey yok aslında, büyük bir bilgi yüklü olarak buraya geldik. Zor anlarda rehberlik tabi ki istenebilir ama gerçek kişisel ve ruhsal gelişim için daima "içinize sorun" derim. Bireysel Seansların akışında bazen danışana bir soru sorarım ve "Bilemiyorum ki..." cevabı gelir, üsteleyerek ve daha sert biçimde "İçine sor!" dediğim anda ise hemen net cevap gelir. Dışarıda hiçbir şey yok ana kumdan içimizde. Aldattıysa da gittiyse de istemiyorsa da KONU SİZDEN KAYNAKLI. Bence bu çok da güzel bir haber çünkü deme k ki kaynak biziz ve değişebiliriz.

Kısmetinizin açılması anlamında niyetler ve çalışmalar içindeyseniz eğer, önce enerji frekansınızı gözden geçirin. Düşük frekanslı negatif düşünce ve duygular hakimse değişim için hala beklememeniz gerekir. Birçok danışan bir erkeği ya da kadını "bırakmayı" çok zor bulur aslında en büyük imtihan da budur. Hem sizi sürekli aldatan veya arkadaşınızla kaçmış eski aşkınızı geri isteyip hem de "Ben melek enerjisi ile çalışmak istiyorum" demek yok. Buraya yükselmek için geldik, adımlarımıza çok dikkat etmeliyiz. Ego ve zihin pek tabi ki gelip bize "geçmişi hatırla, bak orada darbe aldın, sevgiye layık değilsin, aşk zor bulunur" gibi telkinler sunacak. Zaten bütün konu zihni susturmak. Genelde bilinçaltımıza yani bizi biz bilmeden yöneten yanımıza seslenebilmek için bu nedenle "alfa boyutu" yani uykuya dalarkenki zaman dilimini öneriyorum, verimlilik için...

Hiçbir şeyi hiç kimseyi suçlamayın, gerekenler yaşandı ama aşk adına geleceğiniz çok daha parlak olabilir. Bu elimizde, bizler büyük bir mıknatıs ve enerjiyiz, istersek bize uygun olan kişi yaşamımıza çekilir. Aşkın Spiritüel Yasalarını tanıyacağınız bu kitapta zamanla kendi gerçekliğinizi de yaratabileceksiniz. Çalkantı ve acı çekmeyi "aşk" ile karıştırdığımız bir toplumda yaşıyoruz, çoğu kişi yanlış olanı da isteyebiliyor. O kişinin farkındalığı ancak buna izin veriyorsa biz zaten gerisine de karışmayız. Herkesin tekamül yolculuğu aynı hız ve içerikte devam etmez. Herkes farklıdır, herkes aynı olsa zaten yaşam çok tatsız olurdu.

Allah ve Melekler bizi asla yargılamaz. Durum ne kadar zor, çalkantılı olursa olsun, Onlar bizimledir. Bazen danışanlar büyük aşk acıları ile kapımı çaldıklarında "Ben dua ediyorum ve Meleklerle çalışıyorum, peki denen hala istediklerim olmuyor" diyebiliyorlar. Duanın arkası takip edilmez, yaşam dersi alınıp karma borcu ödendiği zaman belki de istediklerimiz gerçekleşecek. Allah neyi verip neyi vermeyeceğiniz zaten bizden çok daha iyi biliyor. Melekler de Allah'ın elçileri ve onların özgür iradesi zaten yok, Allah ol der bir şey olur. Olma derse olmaz. Hep derim, aşkta olanlara şükredelim ama olmayanlara daha da çok şükredelim. Hayırsız kişileri yaşamlarımıza davet etmeyi pek seviyoruz hele onlara aşık olduğumuza inanmayı daha da çok! Bunun iç yüzü: değersizlik hissi... Tüm bunlar ile yüzleşmemiz bizim hayrımıza olacaktır.

Aşkta tabi ki seçim özgürlüğümüz var ama siz anlasanız da anlamasanız da ruhunuz sizin spiritüel gelişiminiz için en doğru yolu bilir onu seçer, bu yol dikenlerle dolu olsa bile... Ben dışarıdan ne kadar anlatsam bazen yetersiz kalıyor, danışan o adamın indireceği darbeyi görmek istiyor veya evli bir kadın ile aşk yaşamaya kalkan bir danışan yarattığı karma borcunu yıllar sonra görerek benim çok önceleri anlattığım bir detayı sonraları idrak ediyor. Çoğu danışanda ayrıca "zaman koyma huyu" da var... "Eee dediklerin olmadı?!" çok duyarım bu lafı da, kızmam asla herkesin anlama seviyesi farklı, içimden gülerim beklerim. Gün gelir geç de olsa dediklerim yaşanır, danışan gelir yine sorar "Peki neden çok geç oldu?" ben de o an konunun benle değil enerjilerle ve kendisi ile sadece alakalı olduğunu izah ederim. Çok isterken akışı bloke ediyoruz... "Arasın arasın" derken adamla aranızdaki enerji bloke oluyor, korku sinyalleri göndermiş oluyorsunuz, gerçekleşmiyor. Siz işi unutunca enerji serbest kalıyor akış başlıyor. Herşeye Allah karar verir, herşeyi Allah bilir. Ben sadece sezgilerime güvenirim. Oluyorsa da olmuyorsa da için dön...

Evren'den enerjilerden birşeyi dilediğinizde hele de bu aşkla ilgili bir konu ise oturup bir düşünün, bunu gerçekten istiyor musunuz? Yoksa artık işin ateşi geçti ama istemeyi mi istiyorsunuz sadece?.. Allah isteyin demiş, Allah vermek ister, istekler de makul ve samimi olmalı ama... Israra da gerek yok, sürekli tekrara da. Çok sıkı takip ettiğiniz aşk hikayelerinizde mi mutlu oldunuz, akışa bıraktığınızda mı?.. Herşey olması gerektiği gibi ve kusursuz. Fazla çaba ve gereksiz takip işi bulandırır. Rahat olun, sizin olan bir enerji zaten size doğru çekilecektir. Asla olmayacak kişileri, aşkları, ilişkileri istemek ise gelişim gösterememek ve kendine acımaktır.

Arabistan'da yaşayan bir adamla çıkan bir danışanım vardı. 44 yaşına gelmişti ve artık evlenmek zorunda görüyordu kendini. Güzel ve çekici bir kadında ama bu adam mesafelere rağmen son şansı olarak görüyordu. Yaşından dolayı da artık 6-7 ay içinde bir şekilde o adamla evlenip çocuğu olsun istiyordu. Onunla uzun süren seanslarımız oldu, konuşmalarından hep acelesi olduğunu, adamı gerçekte sevmediğini, tek amacının bebek olduğunu görüyordum. Bunu nazikçe ona da birçok kereler anlattım, kabul etmedi. Arada başka erkeklerle de görüşüyordu ama Arabistan'daki adamın daha çok mal varlığı olduğu için sonunda ondan yana karar kılıyordu. Burada aşk da samimiyet de yoktu. Bir gün yine seansa geldiğinde bu konuyu ona çok açık, net ve detaylı söyledim. O gün bana küstü ve bir daha gelmedi. 2 yıl görüşmedik. 2 yıl sonra bir gün kapımı çaldı, her zamankinden güzel, bakımlı, enerji dolu ve mutluydu. Bana o adamı artık istemediğini kendi anlattı. Bana teşekkür etti ona ayna tutup içindeki gerçekleri anlattığım için, herşeyi keşfetmişti: aslında ne evlilik ne çocuk istemiyordu, o nedenle zaten 44 yaşına kadar bu işlerden kaçmıştı. O adamla da "gerçekte sonuç olmasın diye" çıkıyordu, Arabistan'da olması bile kendi çekimiydi, o zorluğu bile o yaratmıştı. Bilinci ister gibi duruyordu ama bilinçaltı yalnız ve kariyerde başarılı olmayı istiyordu. Benden ayrı kaldığı 2 yıl içinde zamanla kendine gerçek duygu ve isteklerini itiraf etmişti, hatta sevdiğini zannettiği adam bir restoranda ve avm'de para ile ilgili çok çirkin bir şekilde cimrilik yapınca herşeyin iç yüzünü de görmüştü. Kendiyle hesaplaşan danışanım şimdi kendi ile aynı plaza'da çalışan bir yönetici ile çok mutlu. Artık çocuk lafı etmiyor, sevgilisinin eski eşinden olan kızını çok seviyor ve onunla ilgileniyor.

Aşkta ve ilişkilerde istediğimizi sandığımız birçok şeyi gerçekte asla istemiyoruz. İstemeye devam etmek zorundaymışız gibi zannediyoruz. Kendinize karşı daima açık olun. Negatif enerjide kaldığınızda olumsuzu düşündüğünüzde aura'nız da kirli kalır, niyetleriniz açık net samimi olsun ki Meleklerin rehber ışığı da size daha rahatça geçiş yapsın.

Aşk sizi mutlu etmiyorsa aşk falan değildir, o başka birşeydir. Bir derstir, bir imtihandır, bir yanılsama da olabilir. Onun ne olduğunu mutlaka bulun ve yüzleşin. Aşkınızın iç yüzü bedeninizde de kendini ala verir. Aşk güzelleştirir, fiziksel olarak kendinizi aynada güzel bulmuyorsanız, çökmüş gibiyseniz, kilo alıyorsanız, ağrılarınız varsa bu aşkta yani ilişkide sorunlar vardır. Enerjinizi daima kontrol edin. Mesela, duygusal ya da cinsel açıdan kırıldıysanız kilo alabilirsiniz. Karın ve kalça bölgenizde yağlanma başlayabilir. İlişkinin bütün sorumluluğu size göre sizin omuzlarınızdaysa sır ve omuzlarda ağrılar başlayabilir. Bedeniniz aşktaki duruşunuzu simgeleyen enerjilerle doludur. Kalp ağrıları ve hastalıkları yaşamı boyu aşkta darbe alan kişilerde görülebilir. Aşkınızın size yaptıklarını bir türlü hazmedemiyorsanız, midede yanma veya hazımsızlık sorununuz başlayabilir. Sancılar aşkta mutsuzluğu işaret edebilir. Duyma işitme sorunları da zamanında aşık olduğunuz kişinin size yönelttiği acımasız sözlerden sonra geliştirdiğiniz bir durum da olabilir.

Aşkta mutluluk için önce içe dönüp kim olduğumuzu bulmak gerekir. Bu yaşadıklarımız gerçekten bizim istediklerimiz mi bunları bize aslında başkaları mı yükledi, aslında bunlara inanmıyor veya istemiyor da olabilir miyiz?.. Evren gerçekten istediklerinizi veriri, bazı şeyler olmuyorsa aslında siz gerçekten istemiyor olduğunuz içindir. Dünya bir okuldur, aşkta da ilişkilerde de öğrenmeye geldik. Karşımızdaki kişi bizim aynamız, suçlamayalım, nedenleri bulalım.

Spiritüel yasalara göre istemek ve bunu çok net belirtmek çok önemlidir. Mesela bana danışan çoğu kişi "zaten istiyorum daha ne!" diyebiliyor Melekler siz çok net yardım isteyince aşk sorunuzla ilgili devreye girebiliyor. Onların özgür iradesi yok bu nedenle isteklerinizde çok net olun, kalben dileyin, inanın ve gerekiyorsa bir adım atın. İstemeyi zannetmek ve gerçekten istemek arasındaki farkı da mutlaka tanıyın. Zihin sizi geçmişte tutarak bazen, artık istemekten vazgeçeceğiniz bir kişiyi de isteyin diye kamçılama durumuna sokabilir. Bizim gibi karşımızdaki kişinin de üst benliği vardır, onun rızası olmayan ve olmayacak şeyleri onu sürüklemek ego'nuzun eseri olacaktır, ilişkiye de asla hayır getirmez. Bir erkeği veya kadını istemediğini bile bile sizinle olması için ikna etmeye çalışmak, gitmeyen bir ilişkiyi ittirmek, alt varlıklarla işbirliği yaparak karma planının dışına çıkmaya çalışmak aşka birini mecbur etmek, istenmediğiniz yerde kalmaya çalışmak hem sizin tekamülünüzü tıkayacak, karma borcu yaratacak hem de en sonunda o karşınızdaki kişiyi tamamen kaybetmenize sebep olacaktır.

Büyük aşklar ve evlilik tamamen kadersel bir olaydır. Sizin olan biri zaten sizde kalacaktır, geçici ayrılıklara da çok fazla anlam katmıyor olmamız lazım. Ana kader planınızda yaşanacaklar bazen dünyadaki "zaman" kavramına göre geç sizi bulsa da "kısmette" olan yaşanır. Cevaplar için her zaman yakın da olsalar arkadaşlarınızın kapısını çalmayın, spiritüel anlamda gelişmek, daha bilgece düşünebilmek için cevapları bazen de tek başımıza buluyor olmamız şarttır. Daima şartlar ne olursa olsun kendi içinize merkezlenin, bazı yeni gelişmelerin olabilmesi için mevcutların bazen bitmesi gerekir. 10 yıl önceki hazin aşk hikayenize şimdi aynı etki ile üzülmediğiniz gibi, yaşamın bir yolculuk olduğunu, bazı kişilerin zamanı gelince gidebileceğini de büyük bir olgunluk ile kabul ediyor olmalısınız. Rehberlik için kendi içselliğiniz dışında çalışmalara da ihtiyaç duyuyorsanız, bu kitaptaki Meleklerle ilgili bölüm size IŞIK tutacaktır... Hayatımızdaki herkesi herşeyi biz çekiyoruz. Onlar bizi geliştirip ummadığımız şekilde bizi güçlü kılıyor. İki üniversite mezunu çok güzel Terazi burcu bir danışanım vardı. Tüm iyi niyetine rağmen ve hep iyi eğitimli, iyi ailelerden gelen adamlarla ilişki kurmasına rağmen şiddet görüyordu. Aşık olduğu veya aşık olduğunu zannettiği diyelim, adamların onu dövmesi, gece hastanelere taşınması, bu nedenle estetik bile yaptırmak zorunda kalması onu yaşama küstürmüştü. Erkekler değişiyordu ama sorun hep sabit kalıyordu... Maalesef onunla yaptığımız çalışmalar sonucu, konunun çocukken babasından yediği dayaklar olduğu ortaya çıktı. Babası da iyi eğitim almış, dışarıdan bakıldığı zaman İstanbul Beyefendisi gibi görünen biri idi. Babası sebepsizce onu ilkokul çağına kadar çok hırpalamıştı, çocukken buna layık olduğunu kodlayan danışanım "şiddet" konusundan çok korktuğu için şiddetle bunu ona uygulayacak erkekleri çekiyor, onlara aşık olduğunu sanıp onları yaşamında tutuyordu. Katlanmamaya karar verdiği gün kendisine geçmiş yaşam şifası uyguladık, babası ile spiritüel anlamda hesaplaştı, yüzleşti. Bunun kendisinin geçmişi olduğuna artık karar verdi, sevgilisini de terk etti. Yedi ay sonra yaşamına giren kişi ile evlendi, bu sefer anlayış ve huzur dolu evinde yaşıyor Arnavutköy'de. Hatta geçen gün onları kahvaltıda gördüm, sabah erkendi. Mutlu bir çift gördüm, kendim de şahit olabildiğim için sevindim.

Bizimle aynı frekansta olmayan biri yani bir enerji bizi es geçer, tanımaz yani bize gelmez. Şu an yaşamınızdaki kişi yanlış kişi ise, siz kendinize yanlış davranmaktasınız! Benzer titreşimler birbirini çeker, geldiyse bilinçaltımız bunu organize ettiği içindir. O biziz, biz de O. Yaşamınızda belki de şu an çok mutlu olmadığınız erkek ya da kadın "büyük bir konuda size aynalık görevi yapıyor", sorun kendinize kendinize hangi konuda haksızlık yapıyorsunuz ya da hangi konuda boşluk yaratıyorsunuz... BUNU NEDEN YAŞIYORUM sorusunun cevabını bulmak için yaşam bize değişik aşklar, beklenmedik ilişki darbeleri, ihanetler, darbeler sunar. Soruya cevap gelip yaşam dersi alınınca aynı tür kişilere gerek kalmaz.

Aşkta en itici enerjilerden biri çaresizliktir... KISMETİNİZİN kapalı olduğuna dair bir inancınız kesin olarak varsa evet kısmetiniz kapalıdır ya da kapanır. Kısmetinizin aşka açık enerjide kalabilmesi için mutlaka "inanç ve niyette" olmanız gerekir, aşk inananlara gelir. Kendinizi fiziksel ve ruhsal olarak eve kapadığınızda sizdeki bu olumsuz enerji etrafa yayılır, bunu anlayan karşı cins de tabi ki sizden uzaklaşır. Çaresizlik enerjisi yaymak aşkta kişilere "benden uzak durun" demektir. İnsanlar mutluluk, tutku, coşku, cinsellik için aşkı bekler ve seçer, çaresizce birşeyi istemek zaten olmayacağına dair enerji göndermektir. En çaresin anın içindeki çare yine aslında o sorunların içinde gizlidir, pekçok sorunun cevabının sorunun içinde gizli olduğu gibi. Ruhsal enerjiniz arttıkça zaten artık aşk sırlarını da kendiniz çok hızlı çözer hale geleceksiniz.

Aşkta anlaşılamadığını düşünen kişiler kesin olarak onları anlamayacak kişileri yaşamına davet eder. Erkeklere güvenmeyen bir kadın pek tabi ki aldatılır. Bilinçaltınız neye inanıyorsa size onu yaşatmayı zaten bir emir bilecektir! Onunla olmak zorundaymışsınız gibi bir his varsa içinizde bu ilişkiden size hayır gelmez, bu kendinize kötülük yapma şeklinizdir. Mecburiyetler içinde ilişki sürdürmeye çalışan çok sayıda kadın danışanım oldu bugüne kadar, çoğunun çocukluklarından getirdiği "değersizlik, özgüven, kaybetme korkusu" problemleri vardı... Bir ilişki sürecekse, içinde aşk da varsa o iki kişinin önünde hiçbirşey zaten duramaz. Kör topal ilerleyen ilişkiler size "beni bitir artık" diyor olabilir. Mesajları dikkatli alın. Her kötü giden ilişki de bir yandan hemen bitmeyecektir, belki daha ödenmesi gereken bedeller, borçlar vardır. Yaşam dersleri için ise tüm olup biten, isyandan kaçın, şükür enerjisinde kalın. Herşey olması gerektiği gibi...

Bilinçaltımıza işlenmiş inançlar, bu inançlara uygun kişileri yaşamlarımıza çeker. Değerli olmadığına gerçekten inanan bir kadın sürekli değersiz hissettirebilecek erkekleri çekebilir. Diğer yandan başkaları için yaşamaya programlı durumda olan bir erkek, onu sevmeyen sürekli birşeyler talep eden bir kadını yaşamına çekmiş olabilir. İç dünyanızdaki gerçek hisleriniz, dış dünyadaki bu hislerinizin karşılığı olan kişileri, olayları, konuları çeker size doğru... Dışarıda hiçbirşey yok, herşey içimizde. Aşk hayatınız yolunda gitmiyorsa, içerideki inanç sistemi mutlaka sorgulanmalı, hatta şifaya girmeli.

Siz bir aşk mıknatısısınız. Aşkta istemedikleriniz oluyorsa mıknatıs daha farklı kullanılmalı. His dünyanızda ve inanç dünyanızda değiştiğiniz anda, bazı kişiler ve konular yaşamınızı terk eder, yerine doğru ve yenileri gelebilsin diye.

Unutmayın; bize benzeyen bize geliyor. Odağımızda ne varsa o çoğalarak bize gelir... Sürekli aldatan erkek muhabbetlerinin döndüğü çay sohbetleri size bir aldatma hikayesi ile geri dönemden enerjinizi çalan yanlış dostlara da yol verme zamanı çoktan gelmiş olabilir. Konuşulan ve çokça tartışılan konu, enerji, kavram enerji olarak yayılır. Mutlu aşk öyküleri daha rahatlatıcı ve doğru enerjide kalmayı sağlayan tarzdadır. Düşünce ve inanç sistemimiz ile kişileri ve ilişkileri adeta çağırıyoruz, bu nedenle size gelen birşeyi hangi odak ya da hissiniz davet etti bunu bulun. Hemen kaderi suçlamayın, "benim kısmetim buymuş da demeyin" o kısmetin içinde sizin payınız çok büyük.

"Birşeyi 40 kere söylersen olur" çok doğru bir sözdür ve enerji yasasını tam olarak özetler. Düşüncenin bir tık ötesi sözcüklerdir, daha da ötesi yazmaktır. Bilinçaltınız bir bilgisayardır. Olumsuz talimatları olumlulardan ayırt edemez. Onları da kabul eder.

UMARIM ALDATILMAM, ALLAH KORUSUN: aldatılmaya davetiye yollama yolu...

EVLENMEK BUGÜNLERDE ÇOK ZOR OLDU: hadi ya, o zaman bu kadar mutlu çift başka gezegenden mi?

İLİŞKİM NAZARLARDAN KORUNSUN: ortada bir şey yok ama korkmaya devam!

EŞİM BENİ TERK ETMESİN YETER: neden şimdi ayrılık enerjisi yayıyorsunuz???

Olumlama yapın tabi ama bilinçaltı temizliği sonrası. Olumlama yaparken sonunu olumlu ifade ile bitirmek yetmez, her ifade olumlu olmalı. Kötü şeyleri akla getirmek "korkudur". Olumsuz düşünceyi tekrar etmek olumsuz olayları davet eder.

Bilinçaltı ismini verdiğimiz bilgisayar, olumsuz ifadenizi de emir sayar, onu oluşturmaya başlar. Zihin olumsuz ile olumlu arasındaki farkı biliyor ama bilinçaltınız bilmiyor. Bunu unutmayın! İstemediğiniz şeyleri rahat an ve zamanlarda siz düşündükçe, bilinçaltınız mesajı şöyle alıyor "emrin olur, hemen senin için bir ayrılık senaryosu geliştiriyorum, az dur..."

Zihnimiz bir iş veya konu ile meşgul olduğu anda, mesajlar direkt olarak bilinçaltımıza gidiyor. Bilinçaltımız kendimizi çok rahat hissettiğimiz anlarda alıcı enerjidedir. Sıklıkla tekrar eden tüm düşünceleri ve inançları bilinçaltı dış dünyada ilgili olay-kişilerle size sunar. Birşeyin olmayacağını düşünmek "dirençtir" olmasın demek gibidir. Siz bile olacağına inanmıyorsunuz da o zaman bu konu nasıl yolunu bulup size aksın? Aşkla ilgili hiçbir konuya direnmeyin, akışta kalın, direndiğiniz o olumsuz şeye dönüşmemek için kontrolün elinizde olduğunu bilin. Direnç gösterdiğiniz zaman o konu ile daha da çok enerji alışverişiniz olacağı için, olumsuzluk enerjisi büyür. Aşkta hayal kırıklığı veya başarısız ilişkilere odaklanmayın.

ANNEM GİBİ TERK EDİLMEK İSTEMİYORUM yerine AŞKTA MUTLULUĞU HAK EDİYORUM...

AŞKTA GEÇİMSİZ BİR OLMAK İSTEMİYORUM yerine AŞKTA UYUMLU OLMAYI ÇOK SEVİYORUM.

BU BERBAT İLİŞKİDEN NEFRET EDİYORUM yerine AŞKTA MUTLU BİR İLİŞKİYİ SEÇİYORUM.

Tüm aşk korkularını mutlaka yazın, yazmak daha güçlü bir şekilde yüzleşmenizi sağlayacak. Birlikte olduğunun kişiyi aşırı derecede kontrol ediyorsanız bu da olumsuz sonuçları davet eder. İtme-Çekme kuralına da bir göz atalım: karşınızdaki kişiyi bir an için iştiyorsanız ama ummadığınız anda ondan soğumuş gibi hissedebiliyorsanız, itme-çekme durumu yaşarsınız. Bu koşullar altında seçim yapmanız şart olur. Çok duymuşunuzdur belki hatta yaşamışınızdır bazı ilişkiler gel-gitli ve fazla inişli çıkışlıdır. Bu tarzda yaşanan aşklar enerji çeker, adeta enerji hırsızıdır. Yorgun hissetmenizi sağlayan bu tipteki ilişkilerin çoğu ayrılık ile sonuçlanır. Güçlü duyguların olduğu yerde netlik olur, karışıklık olmaz. Bağlanma korkusu yaşayıp bir yandan aynı kadını aramaktan geri durmayan erkekleri hepimiz biliriz, itme-çekme enerjisi en çok da onlarda gözlemlenebilir.

Aşka dair bir konuda direnç göstermeye başladığınız anda, evren size hangi mesajı sunmak istiyor bunu keşfedin. Aklınıza ayrılık geliyorsa bunun kökü nedir sizde, aldatma korkunuz varsa hangi geçmiş olayınız bunu sizde körüklüyor, yalnızlık veya bağlanma ile ilgili olumsuz enerji ve düşünceler sizi sardıysa yüzleşme için konunun kaynağını bulabiliyor olmalısınız. Aşktan ne istediğinizi bilmek çok önemlidir, yaşam çok değerli, boşa zaman geçirmiyor olmalıyız. Gerçek duygularımıza sahip çıkmalıyız ve bir yandan layık olduğumuz bir aşkı çekiyor olmalıyız. Enerjinizi yükselten ve paylaşımcı bir partneriniz yoksa kendinizdeki eksik enerjiyi bulun dönüştürün. Ne istediğinize karar verin, onu hızla gerçekten isterseniz yaşamınıza çekebileceğinizi de unutmayın. Gerçekten karar verildiği anda, sizden mutlu coşkulu etkili enerjiler çıkmaya başlayacak.

Aşkta herşey yansımadır. Sizde ne varsa iç dünyada yani bu yansır. Siz yansıtırsınız, evren onu size geri sunar, yansıtır tekrar. Dünyada muhteşem bir aşk eğitimi almak üzere bulunuyoruz. Hata yapmış olmak sizin enerjinizi düşürmemeli, muhteşem yaşam dersleri aldınız ve şimdi yola daha bilinçli devam ediyorsunuz. En derin hırs, istek, tutku, korkularımız beklenmedik an ve ilişkilerde bazen önümüze sunulur. Olan biten herşey bizimle ilişkili. İçinizde olan dışınızda da olur, yani yaşamımızda bulunan kişiler bizim bir özelliğimizi bize yansıtmak için geldiler. Çok kıskanç ise siz de belki öylesiniz, aramıyor sormuyorsa belki sizdeki kaybetme korkusu durumu tetikliyor. Aşkta yansıma yasasını derinlikli olarak keşfettikçe çok daha rahat ve mutlu olursunuz. Aşkta birlikte olduğunuz kişiyi değiştirmek diye bir şey yoktur; ya o aşk bitecek ya da siz değişip-dönüşüp daha doğru bir ilişki yaratmaya bakacaksınız. Değişmesi gereken o değil, en azından ilk etapta. Siz değişin çünkü bu yoğun mesaj size gelmiştir.

Kendinizde rahatsız olduğunuz ama bilinçaltınıza ittiğiniz özellikler yaşamınıza giren aşkınızla bir mesaj olarak çoğu kez size iletilir. Bir sevgilinizin ya da eşinizin hangi huyu ya da davranışı sizi çok rahatsız ediyorsa, tam da o konuda sizde çözülmemiş bir sır vardır. Gerçekten hoşlandığımız karşı cinsten kişiler de bizdeki olumlu özellikleri çağrıştırdığı için onları seçebiliriz. Herşey yansımadır, herşey yansır.

Yaşamınıza giren kişinin neden geldiğini bulabilmeniz için sezgileriniz hep devrede olmalı. Yansıma yasalarını anladığınız anda, aşk yaşamınız size neler anlatmak istiyor bunu bulacaksınız. Bu durum spiritüel anlamda da size büyük farkındalık katacak. Dünyadaki aşk yolculuğunuza ışık tutacak ve sizi geliştirecek "yansımaları" bulunca kendinize şaşıracaksınız. Size yansıttığı bir tutum veya tavır için aşkınızı suçlamayın, hele de benzer bir sorunu daha önce farklı bir kadın/erkekle yaşadıysanız. Değiştirmeye de kalkmayın: içe dönün. Dünya yani yaşam bize bizde olanı verir, sevmeyi bilmeyen biri doğal olarak gerçek aşkın merkezinde olduğu bir ilişkiyi de seçemeyecek. Bizim dışımızdaki herşey yine bizimle ilgili. Aşkınızı sürekli sizi aramaması ile ilgili suçluyorsanız gidip bulun: ARAMAMASININ SİZİN İÇ DÜNYANIZ İLE İLGİSİ NEDİR... Aşkta karşı tarafta kendimizi görürüz, duyarız, anlarız, eleştiririz. Aşkınızı mükemmel görüyorsanız o da sizin kendi mükemmelliğiniz aslında...

Aşkta istenmediğini düşünenler kendini sevmeyenlerdir. Aşkta çoğu kadın kendi güvensizliğini erkeğe yansıtır ve adamı yıldırır! Sürekli ahlaktan bahsediyorsa yeni tanıştığınız erkek, kendi ahlaksız geçmişini saklamak istiyor da olabilir. Birçok ilişkisine güvenmeyen ev kadını, eşini sadakatsiz olmakla suçlar. Bu da bir özgüven sorunu. Bazen de kendi içimizdeki olağanüstü güzel yanları göremiyoruz veya kabul edemiyor, kendimize konduramıyoruz. Bu durumda bu güzel özelliklerimizi fazlaca ve dışa vurarak taşıyan bir adam veya kadın bulup ona hayran olmaya çalışıyoruz. Ne olursa olsun, sonuçta "bizimle ilgili".

Aşkta çoğu kişi ilişkisinde yıllar geçirmiş olsa da hala sadece kendini görüyor. Karşısındaki kişiyi tamamen kendi kattığı anlam ile tanıyor. Bu hem gerçek hem de kısır bir durum. Sizin aşk yaşamınıza başka bir kişi sizin yaşamınızı ele geçirip yaşasa, mutlaka kendine göre yaşar. Kimse bir diğeri ile aynı değildir. Kendisinden sorumlu olmayı başarabilmiş güçlü bir birey kendindeki herşeyi yansıtmaz, kendiniz ile yüzleşin. Toplumdaki çoğu kişi, seanslarımdaki çoğu danışan "kim olduğunu bilmeden" yaşıyor. Aşk koçluğu, melek danışmanlığı, quantum ve diğer çalışmalar her zaman ve sadece aslında KENDİMİZİ TANIMAK için.

Aşkta kısmeti kapatan ana konulardan biri "bağımlı olmak"... Bağımlı olmaya meyilli bir enerjiniz varsa karşınıza çıkan kadın veya erkekler bunu seziyor, hatta sizden kaçıyor da olabilir. Bu özelliğiniz ayrıca sizi aşağıya çeker. Gereksiz ve zorlayıcı enerji geçişleri kişilerle aramızda gelişir, bunlara eterik kordon da denebilir. Bu alandaki bazı teknikleri melekler bölümünde bu kitapta bulabileceksiniz. Kıskançlık, kin, öfke, suçlama anında aşkınızla aranızda bir bağ, kordon geliştiriyorsunuz. Bu bağ kesilmediği sürece ne o kişiyle iletişiminiz toparlanıyor ne de yeni ilişkiler düzgün gidiyor. Değişik bir bağ veya geçiş enerjisi ile Kuzey Kutbundaki birini bile yaşamınıza davet edebilirsiniz. Olumsuzluk yaşadıktan sonra affetmek, yanlış bağı kesmek önemlidir. Bu bağ kesilince oradaki iletişim bitmez, sadece olumsuz geçiş şifa bulur. O kişiyle aranızdaki olumsuzluğu sürekli düşünerek o bağı çok kalın bir halat haline de dönüştüren ve olumsuz enerjinin içinde kendini boğan da yine sizsiniz. Yeni bir aşk ve ilişkiye başlarken eskiler ile veda şarttır. Eski ile kordon bağları kesilmediyse, yeni aşk yine aynı dersi vermek için de gelmiş olabilir. Geçişten tüm yaşam dersleri alındıysa aynı tür aşık kapınızı çalmaz. Doğru olan gelir. Gerçekten affetmek (acı ve yoğunluğun bitişi) bu yanlış bağları keser. Geçmişi affetmek geleceği aşk ve ilişkilerde özgü, mutlu, huzurlu kılmak için şarttır. Gerçek sevgi "kabul etmektir", şart koymamaktır. Aşkınızı kabule geçin ve olduğu gibi görün, o zaman sizinle tüm muhteşem yanlarını sevgiyle paylaşacak. Bazı şart ve beklentilere bağlanan ilişkilerde gerçek aşk olamaz, barınmaz. Gerçek aşk olanı alır.

Aşkta ve ilişkilerdeki tüm utanç, başarısızlık, cinsel yanlış anlaşılma, suçluluk duyguları bizi geçmişe bağlar, geçmişte tutar. Geçmişteki siz'i affetmeden gelecekte yeni bir siz oluşmaz. Geçmişin görevi bitti, yaşandı dersler alındı, şimdi özgür ve mutlu olma zamanı. Bağlılık, bağımlılık temelinde korku taşır. Çoğumuz bağımlı olup birilerine, bunu gerçek sevgiymiş gibi hem çevremize hem de kendimize yutturmaya çalışırız. Bağlılık koşullu sevgidir, yani gerçek sevgi değildir. Spiritüel anlamda yol alabilmiş biri gerçekten sever, koşullar onun menfaatine uydu diye değil. Sevdiğinizi tamamen özgür bırakın, o sizinse zaten sadece size gelir. Sevdiğiniz biri gerçekten isteyerek gittiyse ve ilişkinizi kesin olarak bittiyse, bir zaman sonra onun adına da sevinebiliyor olmanız gerekir. Ego ile aşkı toplumda çoğu kişi birbirine karıştırır. İlişkilerdeki başarı ve başarısızlığın ardında gizlenen çocukluğumuzdaki anne-baba ile olan ilişkilerimiz de tabi ki çok mühim. İlk kadın ve ilk erkek olarak ilk ilişki olarak hep onları gördük ve kod'ladık çünkü.

Bağları düşünün, canlandırın... Tel gibi, hortum gibi, kordon gibi, kesin şifalanın. Karşı tarafa da şifa sevgi göndermeyi unutmayın. Serbest ve özgür olmak, yeni ve sağlam temelli ilişkileri size sunacak. Aşkta özgür kişi en doğru kararı alır, aydınlanma ve aşk yolunda özgür-net-gerçek kalabilmek için herşeyle ve herkesle aranızda gelişmiş olan yanlış bağları tekrar tekrar kesin. Size göre tamam olana dek...

Samimi ve temiz bir kalp ile dikkatimizi neye verirsek o büyür. Aşka dair hayallerinizin önünde duran tek engel SİZ'siniz. Çekilin hayallerinizin önünden de gerçekleşsinler; korkularınız, şüpheniz ve güvensizliğiniz ile siz çekilin artık. Odağınız nerede bunu bulun; aşkta kendinize mi acıyorsunuz, hep aşk darbesi mi aldınız, hep ikinci kadın mı oldunuz, hep en güzel yerinde bitti mi aşklarınız... Bunların hepsi sizi bulduysa şimdi şükretme ve bırakma, aşkta yeniden yapılanma vakti. Kendini seven yine kendini sevecek yeni kişileri davet eder. Aşk ve ilişkilerde korkular hızlı hareket eder. Korktuğunuz şeyler ilişkinizde sizi bulur. Korkuları salın gitsin artık, onlar sizin gerçeğiniz değil. SİZ SEVGİSİNİZ.

Olumlu tüm düşünceler daima olumsuzlardan daha güçlüdür. Olumsuz düşünceler hızla eyleme dönüşebilir ama buna da dikkat etmek gerekiyor. Arkadaşlarınızla oturup aşkınızın size neden böyle davrandığını, kocanızın nasıl da başka kadınla kaçtığını, cinsel yaşamınızın yok gibi olduğunu sürekli konuşmayın. Konuşunca o enerji büyüyor ve o arkadaşınız o konuyu besliyor, sonuçta kaybeden yine siz oluyorsunuz. Yeni bir aşka yelken açmadan önce evinizde ve mümkünse yatak odanızda kuracağınız "aşk köşesi"nde güzel objeler toplayın. Yeni aşkınızı size çağrıştıracak resimler, aşksal biblolar, meleklere dair detaylar, müzik kutusu, kırmızı mumlar, kalpler... "Bunlarla mı olacak??" dediğinizi duyar gibiyim. İşte bu ego'nuzun sesi. Evet olumlu düşünme, canlandırma ve yaratma ile olacak. Bu köşe de sizi destekleyecek. Aşksız kaldığım bir dönemde yatak odama göz attım. Feng Shui kurallarına gör aşk köşemde bozuk bir TV duruyordu! O TV'yi oradan derhal kaldırdım ve 3 hafta içinde büyük bir aşk yaşamıma girdi; yakışıklı, zengin, verici, fedakar, tutkulu, derinlikli, bana işlerimde çok destek olan biri. Siz de yapın! Aşkta nasıl birini çekmek istiyorsanız, arınmış bir şekilde onu ve sonuçları imgeleyin, "ya olur mu" sorgulamasından da çıkın. 21 yaşındayken hep Ateş burcu erkeklerin daha etkileyici ve aşkta daha candan olduklarına inanırdım. Bir gün KOÇ burcu biri ile artık bir aşk yamak istiyorum dedim güneşlenirken, kalben ve çok derinlerden hissederek. O günden bir süre sonra bir spor kulübüne yazıldım ve ilk günümde KOÇ burcu biri ile tanıştım ve yıllarca ona aşık kaldım.

Yıllar sonra yaşamımda daha fazla tutku istediğim bir zamanda, tanıştığım hiçkimse "evet aradığım bu" dedirtemiyordu bana... Çok fazla insanla tanışıyordum ve tanıştırılıyordum, aşık olamıyordum ve bana yavan geliyorlardı. Değişik birini bekliyordum, onunla ilk görüşmemizde onun o kişi olduğunu da hemen anlayacağımı biliyordum. Yine birinden bahsetmişlerdi bana, herkese randevu verdiğim yere gelmemişti o... Kendi sahibi olduğu restorana beni çağırdı, gittiğimde tam köşede oturmuş beni bekliyordu, köşeyi döndüğüm anda sanki ruhlarımızın çok daha önceleri yapmış olduğu anlaşmayı keşfetmiş gibi kalbim çok fazla çarpmaya başladı. Çirkin sayılabilecek ama etkileyici biriydi, o kişi olduğunu "hissettim" ve aşkımız başladı yıllarca sürmek üzere. Çağırdığınızda oluyor kısacası, bunu anlatmaya çalışıyorum.

Daha ileriki yaşlarımda ise, beni koruyacak ve kariyerimde destek de görebileceğim, benden çok daha üstün ve bilge bir karakteri yaşamıma çekmeye niyet ettim. Geçmişle veda ve arınma çalışması yaptıktan sonra bana değişik bir mesaj geldi. Çok eskiden başvurduğum bir merkez şimdi benimle çalışmalar yapmak istiyordu. Oraya gittiğim ilk gün oranın patronu olan kişinin yeni aşkım olduğunu anladım. Onunla çok güzel iki yıl geçirdim, kendisi verici, fedakar, sevgi dolu ve çok çekici biriydi. Ondan yaşam adına çok şeyler de öğrendim diyebilirim. Karma yollarımız ayrıldığı zaman ilişkimiz son buldu, o şimdi başka biri ile çok mutlu. Ben de onun adına seviniyorum, hatırladığımda sevgi enerjimi gönderiyorum.

Cinsel anlamda "kullanıldığını" düşünen, ilişkisinde erkeğin sadece seks için kendini aradığını söyleyen pekçok kadın tanıdım bugüne kadar, bu da tabi ki geçmişle ilgili bir konu ve bizim çekimimiz. Bir yandan çocukken bilinçaltına "cinselliğin kötü olduğu duygusu" yerleştirilen kadınlar veya erkekler olgun çağlarında aşkta ve cinsellikte tam ve mutlu olamıyor. Bu eski inanç ve enerjilere doğruymuş gibi tutunmak gelecekteki mutluluklara gölge düşürür. Bilinçaltınızdaki çöpleri atın gitsin atın ki yerleri yeni mutluluklarla dolacak. Düşünceler aynı kalırsa, sonuçlar da aynı olacak. Değişik sonuçlar ve daha fazla mutluluk için önce siz değişin. Küçük değişiklikler bile yaşamınızda büyük değişimleri getirecek, söz veriyorum, şimdi bu satırları okurken hemen gidin evinizde, odanızda, görüntünüzde birşeyleri yenileyin...

Doğada, enerji yasalarında "boşluk" yoktur, herşeyin yeri dolar. Bu bir kanundur. Biri gittiyse başkası gelir, bir acı bittiyse yerine mutluluk gelir, hiçbirşey her zaman iyi veya kötü gitmez. Eskisinden daha iyi bir aşk yaşamı için, geçmişi şimdi ve tüm zamanlara doğru göndermenin zamanı geldi bile... Alışkanlıklarınızı değiştirmek sizin şimdiki yaşam amacınız olsun; bakalım neleri değiştirebileceksiniz ve bakalım yerine nasıl mutluluklar gelecek. Bazı kadınlar görürsünüz her girdiği mekanda erkekler onlara bakar, bazı erkekler vardır ne zengin ne yakışıklı ama pekçok kadın onları arzular hatta kapılır. Bu kişiler aşk enerjisine açık, mutlu, aşkı seçen ve çağıran tiplerdir. Tüm ilişkilerde başarı ve süreklilik sevgi ile olur. Sevgi ise koşulsuzdur. Kalbinizi kapatmayın, herşeye inat açın daha da çok açın hatta... Reddedilmekten korkmayın veya aşkta incinmekten, korkuların sizi ele geçirmesine izin vermeyin. Zihin kontrolü ele geçirince sevgi bitebilir, siz sevgi'de kalın. Sevgi sihirlidir ve karşılık görür. Tüm yaşamınızı da ilişkinizin üzerine kurmayın, özgürlük alanınız da kalmalı. Ego ile sevgi olmaz, ego ve savaş başlayınca sevgi aradan çekilir. EGO: düşük benlik ve korkudur. Ego sevgi akışını keser, sevmek kabul etmektir. Onun da Allah'ın bir kulu olduğunu, sevgi ile yaratıldığını bilmektir. SEVEN, SEVDİĞİ KİŞİNİN RUHU İLE DE BAĞLANTI HALİNDEDİR.

Sevince enerjimiz değişir, tutkumuz artar, yaşama bağlanırız. Yaşadığınız aşkta bunlar yoksa ortada bir sorun vardır. Korku varsa sevgi olmaz, sevgi varsa korku biter. Aşk ve aşkta mutluluk doğanın kanunu ve hepimiz bunu doğuştan hakediyoruz. İstediğiniz aşkı bulmak ve çekmek için tabi ki Melekler ve Rehber Ruhlarla da çalışabilirsiniz. İsteyin unutun, ben nasıl çektiysem siz de yapabilirsiniz. "Olacak mı" demeyin, "Oldu" bilin. Aşktaki ve ilişkilerdeki niyet ve istekler tam olarak net değilse, evren ve enerjiler kafasına göre takılır. Net olun, ölçüp biçin, ne istediğinizi bilin. Netlik olmazsa evrene aşk mesajlarınız karmaşık gidebilir, net olamamak ise psişik gücümüzü doğru kullanmamız gereken enerjimizi bağlar. Ne istediğinizi bilin isteme ve dilek dileme bölümü ardından gelsin. Net olmak ne istediğimizi çok iyi bilmek bizi aşkta üstün ve güçlü kılar. Yolunuzda ilerlemek ve yeni aşk kapıları açabilmek için şimdi ve tüm zamanlara doğru "net" olun.

Verilen bir aşk kararı, net olmak, kesinleştirmek bizi diğer tüm gereksiz enerji kaybı yaratan ve yaratmış olan seçeneklerden arındırır. Olasılıklar biter. Akış başlar. Bazı çok zavallı erkekler vardır; o kadından da bu kadından da şu kadından da aynı anda aşk bekler, kimseden kopamaz. Bunun adı bir noktada çokeşlilik olsa da, bir noktada da korkaklıktır yani seçememek. Seçemediğimiz zaman hayat karışır ve enerjiler kafasına göre takılır. Siz de "Ee bu neden böyle oldu" der durursunuz. İsteklere sizi ulaştıran bu yolu hep göz önünde tutun.

Niyete girmek de başka önemli bir husus aşk yaşamlarımızda, bazıları ister ama arkasından iptal enerjisine girer, ister ama korkar, ister ama hesap yapar zaman kovalar. Niyete girmek konuyu durumu sadece istemek veya ummanın üzerine taşır. Niyet etmek o çok istediğiniz şeyin gerçekleşmesi için atılacak spiritüel bir adımdır, gerçekleştirmenin başlangıcıdır, gücü iten etkidir. Birini uzaktan da olsa sevmeye başladığınız anda, hiç merak etmeyin başka bir noktadan o sizin hislerinizi biliyor. Ortada gerçek bir his veya aşk varsa bu zaten asla saklanamaz. Sevdiğiniz kişiye henüz açılmadıysanız gece uyumadan önce ona sevginizi gönderin, bunu ruhu duyacaktır. Gerçek ve saf sevginin önünde hiçbirşey duramaz. Melekler yani yüksek frekanslı spiritüel varlıklar da bazen sevgi mesajlarını taşırlar, önemli anlarımıza rehberlik edip kaderimizi de taşıyabildikleri gibi... Sevdiğiniz kişi ile aranızda ışıktan ve sevgiden köprüler kurmak için, niyete girmeli, ona ışık göndermeli, hep olumluyu çağırmalı ve karşılık beklememelisiniz. Sevgi sevgi ise hesap olmayacaktır.

Karma kayır tutar, hesap kitap yapar. Başkalarının aşklarına yan gözle bakmak, evli ve aslında evinde mutlu bir erkeği sizinle başka bir ilişkiye sürüklemek, aldatmak, yanlış şekilde terk etmek, karma borcu yaratır. Karma değerlendirilirken, düşünce ve eylemler hesaba katılır. Bilanço değerlendirilir, kaçınılmaz hataları hepimiz yaparız, hatasız bir aşk hayatı imkansız gibidir ki aşk çoğu kez yoğunluğu nedeniyle hata da yaptırır. Bu karma konusundaki en önemli husus "niyettir". Yaptın ama tam olarak niyetin neydi? Gerçekte ne olsun istedin ve başta tam olarak ne için yola çıktın? Niyet aslında iyi ise durumdan yırtabilirsiniz.

Almanız gereken aşk derslerini alâna kadar karma ilginç plan, kayıp, sevgili, eş veya ölümlerle kapınızı çalabilir. Tüm bunlar bir imtihan, imtihana direnilmez, dertleri fırsata dönüştürmek tabi ki sizin elinizde. Ruhsal kayıtlarınızı kirletmeyin, her büyük aşk adımınızdan önce düşünün, herkesin-herşeyin-bütünün hayrına olanı yapın. Yaşamınızın daha önceki yıllarında bilmeden veya bilerek kod'ladığınız aşka dair ne varsa bunlarla yüzleşmeden gerçek siz'i tanımış olamazsınız. Aşktan korkmadığını söyleyen çoğu kişi aslında korkar, aşkın kendisini bulamadığından yakınan çoğu kişi aslında içinde yalnızlığı sever, aşkın saçmalık olduğunu düşünen çoğu kişi gerçek bir aşk için herşeyini verebilecek durumdadır. Aşkta gerçek duruşunuz kadar gerçek iç dünyanız, his ve beklentileriniz, en önemlisi bilinçaltınız (bilinç dışınız) çok önemlidir. Dünyada aşk adına yaşanan, olup biten herşeyin içinde "spiritüel" bir sebep var; bu bir çekim yasası, bir korku, bir plan, bir imtihan ya da bir mucize olabilir. Yanılsama dediğimiz konuyu aslında birçok ilişkide ne yazık ki görebiliyoruz, gerçek aşkın ne olduğunu unutmayan herkesin hak ettiğine bir gün kavuşacağına inanan ben, hayattaki en büyük zenginliğin aşkta sade ve gerçek seçimler olduğunu da biliyorum. Allah herkese gerçek, saf, tutarlı, sürekli aşkı nasip etsin. Aşksızsanız korkunuzla yüzleşmeniz gerek; sizi korkutan geri tutan nedir... Enerjinizi "aşkınız olmadığına" odaklarsanız aşksızlığınız alır yürür, sürüp gider. Aşka açılmak aşkı kabul etmektir.

Aşkta kendinizi yalnız hissettiğinizde spiritüel bir yol planınız da olmalı. Sakin ve net olduktan sonra enerjinizi o çok istediğiniz sonucun "mutluluk ve sevginin" frekansına uyumlu hale getirmeniz gerekir. İstediklerimiz bize doğru çekiliyor, o kadın veya erkekleri de bilincinde olarak olmayarak evet biz çektik! Aşkınızda olmasını istediğiniz o sayıp döktüğünüz özellikler sizde var mı? Bunu kendinize sorun ve cevaplarken dürüst olun. Meleklere, saf rehber ruhlara odaklanan ve rehberlik alırken samimi bir kalp ile niyete giren kişi, gerçek aşka yaklaşır... bazen yazmak bizi derinleştirir, tüm aşk beklenti ve dileklerimizi yazabiliriz. Bir hayat arkadaşını yaşamınıza çağırmanın en etkili yollarından biri onu tanımlamaktır. O da büyük ihtimalle size benzeyen birini çağırıyor ve yollar enerji desteği ile kesişiyor... Aşkı gelecek zamana da itmeyin sakın, gelecek hiç gelmeyecekmiş gibi olur sonra. Olumlama da kullanıyorsanız şimdiki zamanda çalışma yapın. Sonuca odaklanın, olmuş gibi düşünün, sonuca güvenin, şüphe katmayın. Ben her gece uyumadan hayal kurarım her konuda, aşkta da. Hayaller biterse yaşam çok sönük kalır.

Sakin olun ve kendinizi dinleyin... Ne istediğinizi şimdi içinize sorun ama sorarken kendinize karşı çok dürüst olun: bunlar gerçek duygu ve düşünceleriniz mi?.. Çok rahat edebileceğiniz bir pozisyonu alın; uzanın ya da yatın gözler kapalı... Tüm "ama, belki, olur mu ki"lerden uzaklaştınız şimdi, o hayalinizin amacınızın en son sahnesine gelin... Olmuş'u görün şu an siz sevgi'desiniz. Siz sevgi oldunuz çünkü en sevdiğiniz an'ın enerjisi ile sarmalandınız. Titreşiminiz o çok istediğiniz şey'in oluşu ile aynı frekansta. O şimdi yola çıktı, evren mesajı aldı, size doğru bir akış başladı. "ve öyle de oldu" demeyi sakın ihmal etmeyin. Eğer gerekiyorsa şimdi bir adım atın.

SEVGİ konusu ile ilgili geçmişten, aileden, eski aşklardan ya da eski yaşamlardan gelen sorunlar var ise büyük ihtimalle bugün kendinize güzel bir aşk dünyası kuramıyorsunuz. Aşkta başarı ilk önce kendiniz tanımak ve sevmekle başlıyor. OLUMLAMA ÖNERİLERİ: ben sevgiyim*sevgide kalıyorum*sevilmeye layığım*sevgi bana güven veriyor*sevgi alır sevgi veririm*bana sevgi gelir ve benden sevgi çıkar* sevgiyi paylaşırım*

Düşünceden çok daha etkili olan spiritüel silah: her zaman canlandırmaktır. Düşündüğünüz şeyi aynı zamanda canlandırmanız gerekir hem de sık sık ve uykuya dalmadan önce. Alfa frekansında yani... Ayrılık, aldatılma, yalnızlık imgelemesi yapan biri düşüncesinde "mutluluğu" yaşatsa da olumsuz bir son ile karşılaşabilir. Canlandırma düşünmenin bir tık ötesi olduğu için ne düşündüğünüz kadar gözünüzün önüne neleri getirdiğiniz de çok önemlidir. "Ya şöyle olursa'" dediğiniz şeyi evren bir emir olarak algılar ve size yaşamınızda önünüze çıkarmak için çaba göstermeye başlar. Sessiz ve dingin anlarınızda sorular sorarken çok dikkat edin. Sorulara cevaplar gelir, olumsuz da olsa...

Aşkta çok fazla çaba göstermeden mutlu olan kişiler de görürüz kimi zaman etrafımızda. BU kişiler zamanında yaptıkları iyiliklerin ya da katlandıkları olayların şimdi kaymağını yiyor da olabilir. Geçmişte yapılan bir iyiliğin karşılığı güzel bir aşk ve mutluluk ile kapımızı çalabilir. Karma'ya güvenin sandığını gibi kötüler kazanmıyor, iyilik gün gelip yerini buluyor. Bence iyilik yapın denize atın, kimse görmese evren her daim görüyor biliyor. Bazen de çok tuhaf bir biçimde kendimize şaşırarak bir önceki ilişkimizde bize yapılan yanlış bir davranış şeklini model alıp biz mevcut ilişkimizde sergileriz. Kötü olanın enerji olarak üzerinde çok fazla durmak, olumsuzu enerji olarak büyütmek, oluşturmaya sebebiyet veriyor. Bazen de kişi tamamen ters tepki ile "o ilişkide fazla iyi oldum artık ben de bencil davranıcam" diyerek yeni aşktan hırsını çıkarıyor. Geçmişte aşkta yaşadığımız çoğu yanlışın bedelini bazen hiç de haketmeyen kişilere ödetebiliyoruz. Bir önceki aşk hikayenizde eğer belirli bir tutumla alakalı kendinizi suçlarsanız yeni gelecek bir sonraki ilişkide bunun tam tersi ya da telafisi şeklinde hareket etme durumunuz da var!

İyi olmak beklenmedik anlarda aşk yaşamınızı destekler, hep iyi biri olmaya devam edin. İyiliğinizi sömürenlere de teşekkür edin onlar sizi daha da bilge yapıyor ayrıca onlar sizin iyiliğinizi anlamayarak size sevap kazandırıyor, kendileri ise sürekli karma yolunda puan kaybediyor. Allah herşeyi görüyor biliyor, her zaman kulların görmesi gerekmez. Herkes herşeyi bilebilseydi sınanmak için buraya da gelmezdik zaten. Enerji geri döner, dışarıya verdiğiniz aşk ve cazibe enerjisi her zaman görülür, aşkta sorun yaşayan her zaman geriye dönüp bakmalı: geçmişte başkasına mı sevgisizlik enerjisi yolladı, kendine mi değersiz davrandı?.. Ne verirseniz onu alırsınız, "korku" katmadığınız sürece aşkta zaten büyük sorun çıkamaz. "Bu da beni terk ederse" diye başlanan ilişkide ise terk edilme garantilidir. Kötü düşünce bazen iyi düşünceden hızlı dönüş yapar bizi bulur, "birşeyi 40 kere söylersen olur!" sevgilinize "bıktım artık senden" derseniz 40 kere o da gidince suçlu sizsiniz, o değil. Git demiş oluyorsunuz o da ne yapsın gidiyor. Aşk karmamız kayıt altında, ilk aşk son aşk hepsi kayıtta. Kimin canını yaktınız, nerede korktunuz, kime haksızlık yaptınız, kimse önce pas verip sonra bıraktınız, kim sizin yüzünüzden üzüldü, kendi değerinizi bilmeden nerelerde yanlışlar yaptınız... Bunları bulun, hatta yazın. "Aşkta Kul Hakkı" çok önemli bir konudur. Bilerek yapılan "can acıtma" karşılıksız kalmaz, eğer kendinize karşı bilerek kötülük yapıyorsanız bu da başka bir kul hakkı sayılır. Bazen kötü ve anlayışsız aşkları karma borcu ödemek için de yaşamımıza çekmiş olabiliriz. Birşeyi yaşamak değil onu neden yaşadığınız çözmek önemli. Bu kitapta "ikinci kadın"lara geniş yer verdim başka bir bölümde, saf ve gerçek aşka tabi ki saygım var, biz işimiz gereği yargılamayız da ama bazı hallerde "ikinci kadın" olmak da karma borcu yaratır. En ağır karma borçlarından biri de "sevenleri ayırmak"...

Sizi mutlu etmeyen aşk inançlarınızı hiç beklemeden şimdi değiştirin.

Aşk konusunda sorun yaşadığınız kişiyi affedin, onun iyiliğini isteyin.

Aşkta başarısız olduğunuzu kod'lar buna inanırsanız, evren size olumsuzu sunmayı borç bilir.

Başkalarının aşk yaşamlarına destek olun, şifa verin.

Kayıt Meleği gerçek niyetinizi ve eyleminizin iç yüzünü biliyor, saklanma diye bir şey olamaz.

Çok büyük bir evrensel bilgisayarda hepimizin aşk kayıtları, karmik hesapları tutuluyor, ruhlarımızın bundan sonra neye ihtiyaç duyacağı da...

Sağlam bir aşk geleceği için affedin, affedilin, karmadaki aşk borçlarını ödeyin.

Başınıza gelen aşkla ilgili felaketlerin bazı sebepleri var. Bunları siz de oluşturmuş olabilirsiniz, onları yaşamayı ruhsal gelişim için tercih ediyor da olabilirsiniz, bilinçdışınız böyle inanıyor da olabilir. Dünyada deneyimler ile derslerimizi alır, bu boyuttan mezun olmaya bakarız. Çok iyilik yapan kendine bir şekilde kredi de açmış olabilir. Gelecekte belki de bu kredileri kullanmak isteyebilirsiniz. Dünyadaki maddi manevi zorlu koşullar aşka da yansır, aşkta gerçekten mutlu olan az sayıda kişi görürüz. Bu da sınanmanın bir parçasıdır, bize büyük gelişim fırsatlar sunan ani kayıplar, eş ölümleri, aldatılma, ani terk edilmeler, düğüne 5 gün kala ortada bırakılmalar bize hep birşeyleri öğretmek içindir. Direnç göstermeyin, isyan da etmeyin tüm olan biten hayrınıza ve yaşam dersleri ile dolu. Başka türlü gelişim olmazdı...

Her düşüncemiz, inancımız, eylemimiz aşk yaşamlarımızda bir şekilde tezahür eder. Başkalarının aşk hataları, ahlaksızlığı, seçimleri, çokeşliliği sizi ilgilendirmez. Kim bilir bu şekilde o neyin dersini alacak. Aşk yolculuğu süresince bir öğrenim görüyoruz, aşkın içinde kendimizi de tanıyoruz. Herkes aşk ile yolculuğunda sorunları kendi tarzı ile aşabilir, herkes tam olarak aynı yollardan geçecek diye bir şey yok. Bu kitapta da MELEKLER VE DÜNYANIN KURTULUŞU kitabımda da "yeryüzü meleklerinden" bahsediyorum, yeryüzü melekleri insan ama diğer kişilerden çok daha farklı aşk yaşamları olabiliyor. Sıra dışı aşklar, büyük aşk travmaları, aşk kayıpları, gerçek ruh ikizi deneyimleri kolayca bu farklı yaratılmış kişileri bulabiliyor. Yeryüzü melekleri aşkta yaşamına giren kişileri adeta şifalandırır, verici enerjidedir, sezgileri çok güçlüdür, kolay affeder, gerçekten ve bambaşka şekilde sever, telepatiyi kullanır.

AŞKTA BİR YERYÜZÜ MELEĞİ OLABİLİRSİNİZ!

Kendinizi bazen çok mu yanlış anlaşılmış hissediyorsunuz?..

Bazı konularda gereğinden çok mu hassas düşünüyorsunuz?..

Bazen çok mu farklı bakış açılarınız oluyor?..

Başka boyutlara ilginiz çok mu?..

Sezgileriniz çok mu yüksek?..

Bazen insanlardan uzak durmak size daha mı iyi geliyor?..

Anlık ve saf tepkileriniz çok mu AŞKTA?..

Sevgi dolu olmanız rağmen, etrafınızdaki yanlışları net görebiliyor musunuz?..

Fedakar ve verici biri misiniz?..

Yalnız mısınız ve bazen bunu İLİŞKİYE tercih mi ediyorsunuz...

Ne zaman melekli bir mesaj gelse, ardından AŞKTA gelişmeler mi oluyor...

Bazı AŞKA DAİR bilgiler düşüncelerinize bilinmeyen bir yerden yükleniyor gibi mi...

Bir gün AŞK yaşamınızda Meleklere dair çok büyük bir dokunuşun olacağını mı düşünüyorsunuz?..

Sevgi ve dürüstlük sizin için AŞKTA, İLİŞKİDE herşeyden önemli mi...

BİR AŞK ADAYININ iyi veya kötü olduğunu ilk bakışta sezebiliyor musunuz?..

AŞK yaşamınız bazen başka boyutlarla içiçe gibi mi...

Başkalarının AŞK acılarını derinden hissedebiliyor musunuz?

Şifa gücünüz mü var?.. AŞKINIZA ÇOK ŞEY Mİ KATIYORSUNUZ?..

Sevgiliniz AŞKTA İLİŞKİDE "melek gibisin" diyor mu?..

Alıcıdan çok verici enerjide misiniz AŞKTA?..

AŞKTA, İLİŞKİDE Saf kalabilmek için hiç de çaba sarfetmeden işi çözebiliyor musunuz?

Ne olursa olsun AŞKTA bir yanınız çocuk mu...

Meleklerin adını bile duyduğunuz anda, enerjiniz yükseliyor mu AŞKTA ONLARLA İRTİBAT HALİNDE MİSİNİZ...

Kötülüğü VE AŞKTA BENCİLLİĞİ asla anlayamıyor musunuz?..

Bazen "AŞKTA başkaları için yaşıyorum" mu diyorsunuz...

Tüm dünya materyalistken, AŞKTA para size hiçbirşey ifade etmiyor mu?..

Bu soruların çoğuna "evet" diyebiliyorsanız, siz de bir yeryüzü meleği, "meleksi", bedenlenmiş melek ya da melek enerjisine yakın insan olabilirsiniz... Yalnız değilsiniz, bizden çok var, hatta umarım bu kitap bizi biraraya toplar. Bugün dünyanın dört bir yanında, insanlar "melekleri" ve kendi meleksi deneyimlerini konuşuyor, toplanıyor, paylaşıyor, BU KİTAPTAKİ MELEKLERLE ilgili bölümü dikkatle okuyun, MELEKLER VE DÜNYANIN KURTULUŞU'nu da mutlaka okuyup içindeki çalışmaları yapın ve Melek Terapisi seanslarımıza katılın.

Aşkta çoğu kişinin çok da önemsemediği bir başka konu da fiziksel durumdur, işin spiritüel yanını çok ön planda tutan kişiler bedensel durumları göz ardı edebiliyor. Oysa ki beden ve ruh birarada düşünülmeli. Bedensel olarak yaşadıklarımız aslında ruhsal boyutun bir yansıması. Bedeninize iyi bakın, yaşam kalitesi düştükçe aşk seçimleri de yanlış olmaya başlıyor. Başka bir yandan, aşkta ve ilişkilerde başkalarının çok fazla sorumluluğunu almayın. Bu şekilde onların gelişimini bloke ediyorsunuz. Onlar acı çekerek ve yalnız kalarak aslında gelişecekken siz o anda devreye girip onların yapması gerekeni onların yerine yapıp onları etkisiz kılıyorsunuz. Onların yerine birşeyi yapmayın, onlar yaparken siz sadece destek olun. AŞKTA ÇOK İYİ, ÇOK VERİCİ, FAZLA SORUMLULUK ALAN, HERŞEYİ YAPIP ORTADA KALAN KADINLAR SAYICA NEDEN BU KADAR FAZLA? Kadınlardan yola çıktım ama bu alanda acı çeken erkek de fazla... Bunun sebebi karşı tarafa hiçbirşey bırakmamanız. Herşeyi yapınca siz, karşı taraf da kendi birşeyler verebileceği başka birine gidebilir.

İlişkinizde istediklerinizi alamıyorsanız önce dönüp kendinize bakın, sizdeki hataları bulun.

Önce onun değişmesini beklemeyin, siz değişince o da zaten değişecek.

Size sunulan bir duygu sizde yük hissi veriyorsa, bu duyguyu ona geri iade edin.

Meleklerle çalışarak aşk enerjinizi dönüştürün.

Aşkta seçim yaptığınız anda o seçimin sorumluluğunu alın, başkasının sorumluluğunu ise ona bırakın.

Derinlerde tüm sorularınızın cevabı var, sürekli akıl almayın aşk ve ilişkilere dair, kendi içinize sorun.

Bilinçaltınız aşkta da bir bilgisayar gibi. Kişiliği yok da denebilir; ayrım yapmadan herşeyi alıyor, kaydediyor, kullanıyor. O nedenle uyanık olmanız lazım, bilinçaltınız yani "bilinçdışı siz" yaşamınızı yönetiyor ilişkilerinizi de... Tüm o yaşanan aşk acılarında onun payı çok büyük! Onaylama yaptığınız anda, bilinçaltı dosyalarınıza sızar ve hislere-davranışlara etki etmeye başlar. İşte regresyon-geçmiş yaşam şifası çalışmamızda bu noktaları bulup gerçek siz'i ortaya çıkarıp yüzleşmenizi sağlayabiliyoruz. Bu nedenle "birşeyi onaylarken" dikkat edin. Aşkta ilişkilere neleri onayladınız?.. Onayladığınız şey gerçek olur. Aşkta olmak istediğiniz kişi olduğunuzu onaylayın herşeyden önce. Bunu gerçekten yaptığınız anda, başka şeylerin olmamasını sağlarsınız. Kısa sürede o kişi olmaya başlarsınız. Onaylama veya olumlama yaparken SADECE OLUMLU İFADELER kullanılmalı. Bunun ana nedeni: BİLİNÇALTINIZ OLUMSUZ İFADELERİ AYIRT EDEMEZ.

"Aşkta kaybetmek istemiyorum" demek ve bu şekilde düşünmek sizi sürekli kaybetmeye iter. Bilinçaltı kaybettirmem gerek şeklinde algılıyor bu durumu...

Onaylama, olumlama yaparken hep şimdiki zamanda kalın. Aşk yaşamında olumlama yapmak son derece etkilidir. Bilinçaltı denen bilgisayarımızda geçmiş veya gelecek ayırdı yok. "Yarın veya gelecekte artık aşkta mutlu olacağım" derseniz; o yarın hep geleceğe aktarılır yani o zaman gelmez! En etkili onay cümleleri, olumlamalar basit olduğu sürece daha etkilidir. Basit ifadeler kullanın. Olumlama, onay cümleleri dalga dalga büyük bir enerji akımı ile yaşamlarımıza, aşkımıza, ilişkimize etki eder pozitif dönüşüm sağlar. Hayal kurarken, güneşlenirken, en sakin anlarınızda bilinçaltınız rahatça kayıt yapıyor. Bilinç devreden çıkmaya başladığı anda siz de kendi tercih ettiğiniz kayıtları yapabilirsiniz. Alfa boyutu geçişi- uyku ile uyanıklık arası, uykuya dalmadan önce... Zihnin meşgul olduğu anlarda da bilinçaltı kayıtları daha kolay yapar. Olumlama çalışırken "tekrar etmek" çok önemlidir.

Sevgiyi seçiyorum, sevgiye kalbimi açıyorum.

Sakinim ve merkezdeyim, şu an Kaynak'la bağlantıdayım.

Sessizlik ve sükunet içinde olmak bana mutluluk ve netlik veriyor.

Kendimi ve ilişkimi seviyorum.

Olumlama yaparken canlandırmaya da devam edin. Olmak istediğiniz kişi olduğunuza onay verin. Anı dolu dolu yaşayın, bu gördüklerinizi seçin, çekin, sonuca güvenin. Bitince çalışma, bunları oluşturmak için atabileceğiniz adımları atın. Tereddüt etmeyin.

Dua etmek Allah ile bağlantılı olmaktır, aşkta veya yaşamdaki herhangi bir konuda aracı olmadan Allah'la bağlantıda kalın. Dua etmek sizi huzurlu kılar, ilişkilerde de kalp gözünüz ile karar almanızı sağlar ve sizi yukarıya taşır. Olumsuzluklar biter. Dua edilir devamı takip edilmez. Allah hayrınıza olanı, sizin için en doğru seçeneği biliyor, güvende kalın. Allah dualara karşılık verir ama nasıl olacağını O bilir. Dua edip elde ettiklerimize şükredelim, gerçekleşmeyenlere ise daha çok şükredelim. İnanarak edilen ve bütünün hayrına olan dualar kabul olur. İnanç ise duaların gerçeğe dönüşmesinde büyük itici güçtür. O kişi hayrınıza ise zaten yaşamınızda olur, asla olmayacak aşkları istemek beklemek ise tekamülü tıkar.

Birçok kişi dua ederken olacağına inanmaz. İnanç denen itici gücü yoksun bırakırlar.

Dua edin.

İsteyin ve inanın; "Allah isteyin vereyim der" bize...

Sonuca güvenin ama sürekli sonuç üzerine kafa yorum "acaba nasıl" enerjisi göndermeyin.

Duanın sonunda Allah'a şükredin, teşekkür edin.

Hazırlanın sonuç ve mutluluk için.

Duanın ardından meditasyon yapmak da çok rahatlamanıza fırsat sunar. Aşkta kendinizi tanımak, dönüşüm, doğruyu bulmak, ilişkiyi huzura taşımak için meditasyon yapın. Yatak odanızda yapacağınız meditasyon öncesi kaya tuzlu küvette en az 15 dk zaman geçirin, mum ışığı eşliğinde. Kaya tuzlu su başınıza da temas etmeli. Suya başınızı da sokun. Klasik meditasyonu sevmeyenler bunu resim yapmak, yüzmek, doğada yürümek, rüzgarı dinlemekle de yer değiştirebiliyor. Gerçek benliğimizi bulmak, derinleşmek, an'da kalmak, kendi

Cennet'imizde hissetmek için meditasyon çok faydalıdır. Gözkapaklarınız ağırlaşıncaya dek beyaz bir mumun ışığını takip edin. Gözler kapanınca o alevi ışığı canlandırmaya devam edin. Odaklanın. İçinizden hazır hissettiğiniz anda görüntüyü serbest bırakın. Nefese odaklanın burnunuzdan nefes alıp ağzınızdan verin. Nefes alırken içinizden 7'ye kadar sayın, verirken yine 7'ye kadar sayın. İçinizden emin olduğunuz zaman nefes alıp vermeyi bırakın. Bundan sonraki aşamada Allah'ın güzel isimleri Esmaları da tekrarına uygun olarak çalışabilirsiniz. Bu kitapta Esma Çalışmalarımızı da bulabileceksiniz. Unutmayın; az konuşmak, sessizlik, dua ve meditasyon sizi gerçekliğe-huzura taşır.

Mutsuz olduğunuz ve içinizden asla düzelmeyeceğini aslında çok da iyi bildiğiniz bir ilişkiyi sonlandırmak sizi yukarı taşır. O bittikten sonra asıl olması gerekenler de zaten bulacaktır. Sizi mutlu eden aşk yaşamı, içinizden gelen kişi ile flört etmek evrenle işbirliği yapmak gibidir. Siz ne kadar erken sadece içinizden gelen ve sizi mutlu edenleri yapmaya başlarsanız evren de o kadar net ve hızlı sizi destekler. Böylelikle kendinizin, yaşamın, çevrenizin de frekansınız yükseltirsiniz. Işık ve imgeleme çalışmalarını, meditasyonu, Melek rehberliğini zor anlar ve günlük yaşamda ihmal etmeyin. Yapılan hiçbir spiritüel çalışma karşılıksız değil. Zaman koymayın. Düşük frekanslı ve mutsuz kişilerin yani enerji hırsızlarının enerjinizi çalmasına izin vermeyin. Odanızdaki melek köşesi, aşk köşesi daima temiz olsun, her gün dokunun bu alanlara. Mum ve kristalleri ihmal etmeyin. Kıskançlık, suçluluk, yakınma, incinme, korku veya şiddetin yerine mutluluk, sevgi, paylaşım, cömertlik, neşeyi koyun.

Saf bir enerji yayarak kendinizi, aşkınızı, ilişkinizi ve çevreyi şimdi mutlu kılın, dönüşüm başlasın!

İçten bir sevgi akışı, gerçek saflık, paylaşım karşılıksız kalmaz. Mucizeler bekleyenlere gelir. Hatta bazı anlarda yakınlaşmaya çalıştığınız veya ayrı kaldığınız aşkınızın Meleği ile kendi Kişisel Koruyucu Meleğiniz arasında bir iletişim olmasını bile rica edebilirsiniz. Melekler bizim adımıza, aşkımız, ilişkimizi, gelişimimiz, mutluluğumuz için eşzamanlı olay ve tesadüf süsü verilmiş karşılaşmalar düzenler. Olağanüstü mutluluklar yine bize Melekler aracılığı ile gelebilir. Melekler Allah'ın izni ile önceden belirlenmiş özel aşk buluşma ve tanışmalarını da organize edebilir. Tesadüf olarak gördüğümüz ilahi olayların tümü Allah tarafından yönetilir, kaderimizi yaşama fırsatını bu boyutta buluruz. Melekler de bize tüm bu konularda rehber olur. Titreşiminizi yükseltin, gerçek aşka ulaşmak için elbette ki ilk başka bazı şeyleri bırakacak yeni için yer açacaksınız. Mucizeler gelmeye başladığı anda Meleklerle işbirliğinizin gerçekleştiğiniz de kabul edebilirsiniz.

Korkuyorsanız sevgi yoktur. Sevgi varsa, seviyor ve seviliyorsanız korkmanız gerekmez. Bu iki temel ve DÜNYA'yı, yaşamlarımızı, aşkı ve ilişkileri yöneten duyguları iyi tanıyın. Herşeye herkese sevgi ve ışık gönderin. Başkalarının yüksek benliğinden izin almadan onun enerjisi ile ilgili bir şey yapmayın. Aşkta şifa çalışmaları özgür iradeler dahilinde olmalı, Allah'a dua dışında sadece Melekler gibi yüksek enerji varlıkları işbirliği için uygundur. Kimseyi gerçekte istemediği birşeye zorlamaya çalışmayın. Bazı kısa olumsuzluklar bize öğretmek için yaşamımıza gelir, hemen isyan etmeyin. Sevgi bazlı olmayan ilişkilerin daha fazla sürmemesi gerekir. Sevgi sizi, enerjinizi, bedeninizi yüksek bir enerji ile kuşatır. Negatif duyguları kalbinizden silin. Hep ve daima sevgi'de kalın. Mutsuz anlarda "iptal ediyorum" deyin, odağı bırakın. Sevgi ile çözülemeyecek sorun yoktur. Olumsuz hissettiğinizde toprakta çıplak ayakla gezinin, olumsuz enerjiyi ayak tabanlarınızdan toprağa geçirin. Auranız ise sizi kuşatan bir ışık kuşağıdır, aura saf ev temiz ise size herhangi bir şekilde zarar gelmez.

Düşüncelerinizi net ve temiz tutun.

Dürüst olun.

Saf ve iyi kimseler ile iletişimde kalın.

Negatif duygu ve düşünceleri bırakın.

Affedin.

Doğada zaman geçirin.

Meleklerle çalışmayı adet haline getirin.

Mor, pembe ve altın renkler ile meditasyon yapın.

Temiz hava almış bir odada uyuyun.

Daha az TV izleyin, her gün spiritüel çalışma yapın, mum yakın, kristallerle çalışın.

Aslında herşey güzel ve olması gerektiği gibi, sizin bakışaçınız olumsuz ise onu dönüştürün.

Herşeye sevgi gönderin.

Yargılıyorsanız, kendi içinize dönün, bu enerjiyi bırakın.

Size kötülük yapan kişi mutsuz ve acı çekiyor, bunu ondan yapıyor, bunu farkedin.

Takdir ve minnet şifada esastır.

Melekler dileğinizin enerjisini Allah'a iletecek.

Kimseyi suçlamayın, sorumlu da tutmayın. Güç de kontrol de sizde.

Şefkat, empati, merhamet ile yol alın, Dünya'da olmak ayrıcalıktır.

Herkes bir ve aynı, aynı ÖZ'ün parçalarıyız.

Allah'ın yarattığına kötülük yapmak, aşkta ilişkide kırıcı olmak, size yakışmaz.

2. BAŞTAN ÇIKARMA- KURALLAR

Aldatıldın, kandırıldın, terkedildin, ikinci kadın oldun... Seninle ara sıra görüştü ama ilişkiye yanaşmadı... Başta peşindeydi, artık seni arzulamıyor... Ya da evli birinin tuzağına düştün...

Teslimiyet ve açık olmak her zaman işe yarasaydı,

aşkta bu kadar çok acı çekilmezdi...

Aşk evet bir kısmet işidir ama gerisi de stratejidir yaratıcılıktır...

Öncelikle 2 S Kuralını öğreneceksin; "Saf ve Seksi" olmayı...

İma etme sanatını kavrayacaksın.

Manevra yapmada ustalaşacaksın.

Karmaşık olmanın cazibesini keşfedeceksin.

Kendin gibi Aşk Kurbanlarını okudukça bu kitapta, hatalarınla yüzleşeceksin.

Baştan çıkarmanın en büyük kuralı, aynı zamanda hem saf hem de seksi olabilmektir. Sürekli saf olan kişi bir süre sonra sıkıcı hale gelir, sürekli seksi olan kişi ise bir süre sonra karşı tarafı yorar. İnsanlar toplumda hep seksi olanları konuşur, bunu unutmayın, çünkü onlar kuralların ötesine geçebilmiştir, cazibeleri ile herkese her istediklerini yaptırabilecek güce sahiptirler. Fakat bunun içinde hiç saflık olmazsa bir süre sonra o kişiye olan ilgi biter. "Saf ve Seksi"deki karmaşa ve şaşırtıcılık kafa karıştırır. Kafa karışıklığı yaratmadan hiçkimseyi baştan çıkaramazsınız. Dünyanın gelmiş geçmiş bana göre en güzel kadını Bridget Bardot, çocuksu ve özgür tarafı ile sempati toplarken aynı zamanda çok da seksi bir kadındı. Dönemin diğer kadın sanatçıları sürekli iddialı ve 'star uzaklığını' vurgulayan pozlar verirken, Bridget Bardot çıplak ayakla film çevirerek 'içimden geleni yapıyorum' izlenimi verdi.

BAZEN OLMADIKÇA DAHA ÇOK İSTERSİN, İSTERKEN DAHA ÇOK BAĞLANIRSIN.

Hepimiz materyalist ve tehlikelerle dolu dünyada, karşımıza bir anda bir saflık çıktığı zaman mutlu olur bunun ardından gitmek isteriz. Saflık az bulunur ve içten içe bizi ele geçirir ama bu seksilik ile dengelenmeli çünkü konu aşk... Karşınızdaki kişi hiç saf değilse, O'nun süregelen seksi tavırları bir süre sonra O'ndan nefret bile etmenize neden olabilir. Ama saf da olabilen bir kişiye hiçkimse karşı koyamaz çünkü O'nun bazı şeyleri kasıtsız yaptığına inanırız. Çoğu aşk mağduru kadın, kendisini kandıran aşkı için "aslında kötü biri değil!" savunması ile karşıma gelir. Kadın, aşk acısı ile hayatını mahvetmiştir ama hala adamın özünde "saf" olduğuna inanmaktadır. Adam bu noktada çok iyi bir baştan çıkarıcı olarak kadını buna inandırmıştır da ondan. Gel-gitli aşklarda kopamamanın en büyük nedeni, sorunu asıl çıkaran kişinin kendini "gerçekte saf" olarak yutturmuş olmasıdır.

Karmaşa baştan çıkarır. Olayı çözmeye çalışırken, karışık gelen sinyalleri anlamaya gayret ederken, konuya farkında olmadan anlam yüklemeye ve hayalgücü ile süslemeye başlarsınız süreci... Bunun sonu baştan çıkmadır. Saf ve seksi olabilenler; siz onları saf sanarken seksileşecek, onlardan kurtulmaya çalıştığınız bir anda sizi saf bir bakış ile yeniden geri kazanacaktır.

...

Baştan çıkarma yudum yudum içilecek çok özel bir iksirdir... Aceleye hiç gerek yoktur... Bu büyülü ve başka bir boyuttan sıkıcı yaşamlara gelen bir çağrıdır. Buna kimse karşı koyamaz. Aşık olan teslim olur. Acının içinde zevk, zevkin içinde acı yer almaya başlar. Aşık olunan kişiden gelen kötülükler bile sevilir çünkü O ya sizin eksik olan yanlarınıza sahiptir ya da sizinle aynı düşünerek sizi ele geçirmiştir. Dünya sisli ve belirsiz hale gelir, sadece ikiniz belirgin kalırsınız. Bu çok özel yanılsama, dosyalar içinde geçen sıkıcı iş günlerinden sonra, sizi kandırmasına izin verilecek kadar baştan çıkarıcıdır...

Çoğu kişi çok güzel insanların baştan çıkarıcı olduğu yanlış bilgisine sahiptir. Baştan çıkarma bir enerji, zeka, strateji işidir, güzellik önemli değildir sanıldığı kadar... Psikoloji bilginiz varsa bu alanda büyük başarılara imza atabilirsiniz mesela. Baştan çıkarma sürecinde iş şansa bırakılmamalıdır. Aşk ve romantizm çok büyülü bir dünyadır ve herşey kendiliğinden gelişiyor gibi düşünülür, oysa ki taraflardan biri çoğunlukla gizli planlar içindedir. Baştan çıkarma bir değer verme, aklına girme, mesaj gönderme, ilgi ve çaba işidir. Karşınızdaki kişinin beklenti, zayıflık ve zaaflarını bilmeniz şarttır. Sizin ne istediğinizden bile önemlisi O'nun ne ile size teslim olacağıdır çünkü siz O'nu baştan çıkarmak istiyorsunuz. İnsanlar aşkta, aile ve yakınlarından göremediklerini arar gizliden gizliye... Bir anda O'nun karşısına çıkıp acılarını dindirecek, boşluğunu dolduracak, zayıflıklarını örtecek kişinin siz olduğunuza inandırırsanız size kapılacaktır. Bireysel ve bencil hareket etmemeniz gerekir bu noktada. Zevk vermeniz gerekir. Zevk; bu boyutların dışına çıkmaktır. O'na sıradışı bir yolculuğu vadedeceksiniz. Sınırların dışına çıkacağı için önce dirense de aslında O da bunu beklemektedir. Bir adım attığı anda artık geri dönüş yoktur.

SENİ AŞKTA DURDURAN DÜŞÜNME ŞEKLİN VE ENERJİN...

Herkesin hayatında mecburiyetler, sıkıcı kurallar, katlanılan gerçekler vardır. Kimse bunları aramıyor, herkes fantezi ve arkasından sürüklenebileceği bir baştan çıkma olgusunun peşinde aslında içten içe... Bu iş bir yanılsama ve oyun bile olsa, bunu herkes istiyor çünkü öbür türlü hayat ölümü beklerken yapılan sıkıcı eylemlerden ibaret kalıyor...

O'na hayatı bir "oyun alanı" gibi gösterebilmelisiniz. Özgürlük duygusunu sunmalısınız. İkiniz çok büyük bir macerayı, suçu ya da kimsenin bilmediği bir sırrı paylaşıyor havası olmalı işin içinde. İki kişilik bir dünya... Bu arada tabi ki O'nu diğer potansiyel aşklardan da uzaklaştırıyorsunuz. İnsanlar bazen huzur için rutini istese de, gerçekte yoldan çıkmak, yolu değiştirmek ister. Yoksa hayatın bir anlamı kalmaz. Bu yolda göreceğiniz dirençlerin çoğu aslında çok isteyen birinin "biraz daha ısrar et" deme biçimidir. Bu noktada tabi ki, kendinizi de çok iyi tanımanız gerekir. Sizde üstün olan yanlar nedir, bunları iyi ortaya koymalısınız. İlk başta çok fazla herkeste olan yanlarınız değil, daha büyüleyici ve sıradışı yanlarınızı ortaya koyabilirsiniz.

Masumiyet; çağın kaybedilmiş ve aranan değeridir. Gerçek masumiyet paha biçilemeyecek kadar özeldir. Buna bir şekilde sahipseniz arzu uyandırırsınız. Masumiyet ile seksilik gibi iki ucu birarada barındırmak çok dikkat çekicidir ve merak ile birlikte peşinden gitmeye değer görülen bir durumdur. Karşı taraf "kasıtsız ve spontane" yaptığınız hiçbirşeyi unutmaz. Gerçek baştan çıkarıcılar her zaman için tarzları ile bir fark yaratabilenlerdir. Bir farkınız yoksa neden siz?.. Bunu iyi düşünün. Tarihteki "starlaşabilen" ve kitleleri baştan çıkaran kişiler, kendilerinin gerçekten çok özel olduğuna inanıyordu. Bu anlamda

kendinize rol yapamazsınız, buna gerçekten inanmanız ya da öyle olmanız gerekir... İnsanların her gün gördüğü birşey ile onları baştan çıkaramazsınız. Risk alabilir misiniz? Ya da tehlikeye atılabilir misiniz? Bu çok etkileyici başka bir baştan çıkarıcı unsurdur. Risk alabilenler çok özgüvenli insanlardır. Bir korkak, hiçkimseyi baştan çıkaramaz.

En derinine dokunursan, bin aşka bedel olursun...

Her ama herşeyi yapmayın! Karşı tarafın hayalgücüne bırakın bazı şeyleri.... Bırakın O sizi olduğunuzdan fazlası sansın. Kendini çok ifade eden kişiler bencil ve sıkıcı görünürler bir süre sonra. Ufak imalarda bulunup susun, her başladığınız konunun ardını o an tamamlamayın..."Bundan sonra ne olacak? Şimdi nereye gidiyoruz? Ne demek istedi? Öyle dedi ama ardından böyle garip davrandı?" O bunları diyorsa, yani siz dedirtebiliyorsanız, bu iş tamamdır.

Karışık sinyaller gönderin. Bir ileri bir geri. Yarın olacakları bilseydik yaşam zevkli olur muydu? Kimse plancılara ve aşırı şeffaflara aşık olmaz, buna inanın. Herkes aramayan sevgilinin, başkaları tarafından çok arzulanan kişilerin, belirsiz tavırları olan kişilerin peşindedir. Tabi ki dozajı iyi bilmek lazım, sınırları zorlamayın, tatlı tatlı, devam... O'na gittiğiniz sonucu söylemeyin ya da hissettirmeyin. Sonunu bildiğiniz filmi izler misiniz? Sonuç kimbilir ne olacak? Bırakın hayal kursun, bazen paniğe kapılsın, 'zannetmeye' başlasın, kuşku duysun. "Benden vazgeçer mi" duygusunu ve korkusunu yaşatın O'na. Önce korkup vazgeçecek gibi olsa da, daha iyi bir baştan çıkarıcısı yoksa O sizindir. Size gerçek bir arzusu varsa, sonunu bilmeden de olsa sizinle birlikte kapılıp gidecektir.

SEN ASLINDA O'SUN... O DA SEN...

BİRBİRİNİZİ ÇAĞIRDINIZ... BAŞKA TÜRLÜ OLAMAZ.

Aşkta bir "başkalarının ne düşündüğünü önemsememe" durumu vardır. Aşk bir meydan okumadır. "Gel beraber meydan okuyalım" diyebilecek cesaretiniz olmalı, eğer O'nu baştan çıkarmak istiyorsanız. Adem ile Havva insanlık tarihinin ilk aşkını aslında çok büyük bir meydan okuma ile yaşadılar. Şeytan'ın baştan çıkarıcılığı ile "merak" duygusuna esir olan Havva, Adem'i de peşinden sürükledi. Zincirleme bir baştan çıkarma vakası... O günden beri insanlık üreyerek o "ilk günahı" sürdürüyor. İlk insan Adem ve Havva'dan aldığımız kodlar ve kalıtımla biz de hala onların peşinden gidiyoruz. Saf sevgi Cennet'te vardı fakat insan "merak" duygusu nedeniyle, baştan çıkarılma ile tanıştı ve bunu yüzyıllardır sürdürüyor.

Baştan çıkma ve çıkarılma genlerimizde var, insan olarak zayıfız ve baştan çıkarılmaya meyilliyiz. Burada bunun doğru veya yanlış olduğunu belirtmiyorum, sadece bu var ve devam edecek diyorum. Baştan çıkarmanın içinde cinsellik ve strateji olsa da, en başta da belirttiğim gibi saflık da var çünkü insan tüm kötü ve zaaflı yanlarına rağmen saflık da içeren bir canlıdır. İnsan saflığı arar aslında yaşamında. Dünya, ilk baştan çıkarılmanın bir sonucu olarak kurulduğuna göre, dünyadaki en önemli konulardan biri baştan çıkarmadır çok doğal olarak. Aşk konusu dışında, her gün çeşitli yöneticiler ve markalar da insanlığı aslında baştan çıkarmaktadır. Bazılarımız başkalarına teslim yaşarız çünkü baştan çıkarız. Bundan kaçamayız...

Baştan çıkarıcılar, genelde başkalarını hesaba katmadan hareket ederler. O size tapıyor gibi görünse de gerçekte kendine tapıyordur. Kendi istediği için ve kendi için sizi elde edecektir. Size kendinizi özel hissettirmesinin nedeni de gerçekte O'nun kendine verdiği yüksek değerdir. Çok nadir de olsa, amatör baştan çıkarıcılar, avcı olarak başladıkları süreci av olarak tamamlarlar bazen. Bu durum, karşı tarafın bir anda baştan çıkarma atağına geçmesi ya da gizemini son ana kadar koruması, son anda şaşırtması ile mümkün hale gelir.

Toplumun geneli ve sıradan insanlar, baştan çıkarıcıları yargılar. Hatta bazen onlara acır gibi yaparlar. Bu durumun özünde içten içe "O'nun yerinde olabilme arzusu" yatar fakat bu çoğu kez kişinin kendine itiraf edemeyeceği bir gerçektir. Bir baştan çıkarıcı kıskanılmayı hazmetmiştir, O bunu sık sık yaşamaktadır. Aşık etmek istediğiniz kişinin bilinçli değil bilinçsiz hallerini baz alın. Spontane gelişen herşey gerçektir.

Önceden planladıkları, O'nun gerçek kimliğine ait olmayabilir. Anında ortaya çıkan ve beklenmedik gelişmeler aşkı körükler ve kişiliğe dair sır ipuçlarını ortaya döker. Açıkça itiraf edemediklerimiz, bazen bir göz kaçırmamızda, bazen ise bir anda ortaya çıkan bir mimiğimizde gizlidir.

Gerçek bir baştan çıkarıcı benzersiz olduğuna inanır. O benzersiz olduğu için de asla birbirine benzeyen sıradan insanlara önem vermez, onları takip etmez, onlardan etkilenmez. Çoğu insan özgüven eksikliği yaşar, baştan çıkarıcının en büyük silahı ise kesin olarak sergilediği sonsuz özgüvenidir. O yanılmaz, O yıkılmaz bir kaledir. Baştan çıkarıcılar gerçekte kendilerine aşıktır, bunu baştan çıkmış halinizle anlayamaz kapılır gidersiniz. Hatta biri size çıkıp bu gerçeği söylese O'na inanmazsınız da, çünkü oyun çok tatlıdır; gerçekler ise sıkıcı...

SUÇLAMAK VE ELEŞTİRİ; "SENİ ASLINDA KAYBETMEYE BAŞLADIM, BİLİYORUM" DEMEKTİR...

Tüm bu olanlar gerçek mi peki? Sorunun cevabı şu: yaşadığımız dünyada gerçek ve yanılsama ikiz kardeştir aslında. Çoğu kişi gerçekleri değil yanılsamaları sever, farkıda olmasa da. Estetikli birçok kadın kendini güzel olarak yutturmayı nasıl başarıyorsa, çok kötü oyuncular da milyon dolarlar kazanabiliyor... Çünkü onlar kitleleri "bir şekilde" baştan çıkarabilmeyi başarıyor.

Doğa... Doğallık... Masumiyet... İnsanoğlu bunlara tapar, bunların özlemi ile yaşar. Aşk ise doğallığı sever, baştan çıkarma insanın doğa'sında vardır. Süreç ise, ne kadar "doğal" gelişirse herşey o kadar kaderin elinden çıkmış gibi büyüleyici görünecektir. Tüm bunlar ustalık gerektirir, müthiş bir zekanın eseri olmalıdır baştan çıkarma süreciniz... Her şey yavaş ve emin adımlarla, doğallığını yitirmeden gelişirse inandırıcı ve heyecanlı olur...

En baştan çıkarıcı olan; en doğal halinizdir. İçinizden gelenleri yaptığınız anda yaydığınız enerji en çekici halinizi ortaya koyar. Zorlamalar ve fazla çaba çoğu kez büyüyü bozar. Bağımsızlığına düşkün kişileri toplum hep zincirlere vurmak, onları durdurmak ister. Aslında onlar imrenilenlerdir, çoğu kişi bununla yüzleşmek istemez.

Aşk, isteseniz de istemeseniz de bir savaştır. Her zaman, uğrunda mücadele verilen değerlidir. Kolay ve basit olan değil. Aşık etmek, baştan çıkarmak bir süreçtir. Bunun bir süreç ve sürecin içinde de bir savaş olduğunu unutursanız ve fazla hızlı ya da kolay olursanız, geçmiş olsun. Savaş ve savaşmak insana gizliden gizliye haz verir. O nedenle, savaşmak yerine teslim olursanız karşı taraf ilgisini yitirir. Sürüklenme gerçekleşmez. Birçok aşklar görürüz etrafta, deriz ki "ya adam pek de O'nu sevmiyor gerçekte, belli, neden O'nunla hala..." çünkü insanlar elde ettiklerinin değil edemediklerinin peşinde koşar! Birşey tamamlanınca ona olan ilgi biter, aşkta hep ama hep birşeyler eksik kalmalıdır...

Bir an için ağızdan kaçan bir söz, beklenmedik bir U dönüş, ara ara tepkisizlik, şaşırtma, iptaller aşka devinim katar, heyecan katar. Kimse kolayca sahip olacağı birine aşık olmaz ama O'na yasak olan ya da ulaşılmaz olan biri hep daha çekicidir ve O'nun üstüne hayal bile kurmak daha enteresandır. Çoğu kişi ya arkamdan gelmezse der ve kaybetme korkusu enerjisi yayar en olmadık yerde açılır ya da teslim olur. O ilişki orda biter aslında. Tabi ki teslim olacağınız zaman da gelecek ama hemen değil. O sizin peşinizden gelmek istiyor, bırakın yapsın. Tatmin olmalarını geciktirin ama hiç olmayacakmış gibi de yapmayın. Tabi ki tüm bunlar bir oyun edası ile gelişmemeli, "dozaj" ve "doğallık" herşeydir...

Birine istediğini verdiğiniz an tüm gücünüz biter, güç O'na geçer. Bunu iyice idrak edin. Mesafe gizemdir. Bunu iyi koruyun. Çok açık olmayın, hayır demeyin ama aşırı da bağlanmayın. Açıkça peşinden koştuğunuz kişi kaçar. Bu nettir. Başta iyi gelecek zannı ile yapılan aşırı ilgi, kesin olarak sonra rahatsız eder. Ara sıra geri çekilin.

ONU İLK GÖRDÜĞÜN ANDA RUHLARINIZ KONUŞMAYA BAŞLAR... O ANDA ANLARSIN; SEN HEP ONU BEKLEMİŞTİN...

Mesafe, duyguları yüceltir. O öfkelenirse, size karşı dirençsiz olacaktır. Bu durum O'nu size çeker. İlgi gösterin, ilgi çekin ama hemen ardından geri çekilmeyi de bilin. Bir sonraki adımınızı bilirse sizi çözerse, baştan çıkmaz. Tarihteki çoğu ünlü baştan çıkarıcıya baktığımız zaman "sıcak-soğuk" etkisini çok iyi uyguladıklarını görürüz. Bir an çok ateşli, ardından gelen bir geri çekilme. Hiçbir aşk sürekli aynı yoğunlukla ve hep yukarı çıkarak yaşanmaz. Zaten olaya erkekler cephesinden baktığımız zaman, özgüvensiz erkekleri kastetmiyorum, soğuk kadınlara ya da gizemli kadınlara değişik bir ilgileri olduğunu görürüz. Karmaşa kafa karıştırır, kafası karışan düşünür, sizi düşündükçe size aşık olur... Kıskandığınızı hele hele başta açıkça göstermenizin ne kadar ölümcül bir hata olduğunu burada yazmama gerek yok aslında değil mi?.. Kıskançlık yaratmak ne ala, başta kıskanmak ise çok büyük hata...

O'nunla birlikteyken, kendinizden değil, O'ndan bahsedebilir misiniz? O'nu çözebilir misiniz? Herşeyi anlatın demiyorum ama bu O'nun hoşuna gidecektir. Bunu yapın. İlgi O'nda olsun, O'nun kendini ilişkinin odağında gibi hissetmesini sağlayın. Tabi ki dizginler sizde aslında... Dinlemeyi bilin, O'nun tüm detaylarını ezberleyin. Mimik ve jestleri çok ipuçları verecek. Deşifre olan O olsun, siz değil... O'na özel hissettirirseniz, sizden vazgeçmez.

Hiçkimse sıkıcıları sevmez! Hep eğlenceli veya seksi olmak zorundasınız. Hiçkimse asık suratlı veya sürekli mutsuz biri tarafından baştan çıkarılamaz. Dışarıdan soğuk duran biri, gizeminin ardında sağlam bir numara saklamıyorsa şayet, O'na başta ilgi duyulsa da sorasında hızla uzaklaşma isteği uyandırır. O sizin yanınızda iyi hissettikçe, size bağlanır...

Karşınıza çıkan engeller soğukkanlılığınızı sarsmamalı. Hatta siz o kadar tek ve benzersiz olmalısınız ki düşmanınız bile olamamalı etrafta. Şikayet etmek veya bir yetersizliği vurgulamak baştan çıkarma sürecinde hiç doğru olmaz. Ayrıca çok yönlü de olmanız gerekir. Bu sizi karizmatik yapar. Sizi kimse tam olarak çözememeli. Tam çözmeye başladığı anda, yeni bir sır yaratın. Bu içsel bir kaçış gibidir. Bazı insanlar çok konuşsa da karşı tarafı etkilemek için, anlattıkları O'nun gerçek iç dünyasının pek azıdır. Bu sizi gizemli yapar, gizem herşeydir...

Kendinizi asla çok fazla açıklamayın. O sizi merak etsin, inanın O bunu istiyor. Her istediğini alırsa, peşinizden gelmez. Merak; bizim Cennet'ten düşme nedenimiz, merak insanlığın en büyük zaafı ve silahıdır. Bunu iyi kullanın, hep merak etsin, yanlış bile anlasa bazı şeyleri, istifinizi bozmayın. Özgüven, bir amaca sahip olma, idealler, kendini sevme, olağandışı ilgi alanları sizi korkunç çekici gösterir. Siz kişilere tek tek yakın değil de hep onlardan kısmen uzak gibi olmalısınız. Çünkü siz çok farklı kalmalısınız. Bu sizi özel yapar.

Kendi hayatınızın 'star'ı sizsiniz. Kendinize inanın, rahat ve cesur olun. Sizde herkesin beğendiği ama böyle tam da ifade edilemeyen birşeyler olsun... O'nunla ilgili O'nun bile keşfedemediği birşeyi bulup çıkarıp O'na sunarsanız sizin peşinizden gelecektir. Bu bir mucize gibidir, büyüler ve sürükler. O, bu vesile ile O'na değer verdiğinizi düşünür ve duygusallaşır. Bu durum, aranızda kopmaz bir bağ kurmak adına güçlü bir adımdır.

AŞK BAZI ŞEYLERİN EKSİK KALMASI, BAZI ŞEYLERİN YANLIŞ ANLAŞILMASIDIR.

Biraz mistik de görünmek gerekir veya öyle hissettirmek... Gece kulüplerinde fazla konuşanlar, gereksiz çaba gösterenler, abartılı bir şekilde dans edenler baştan çıkarma sınıfının en en en kötü öğrencileridir! Direkt istek belirtme ve ısrar... Bunlar sizi bitirir, sakın denemeyin. Bir tarzınız olsun, bir yolunuz olsun, insanların hayran olduğu biri olun. Çoğu kişi kolayca deşifre edilebilecek sığ kişiliklere sahipken, sizi özel yapan birşeyler olmalı. O, sizi bu yüzden isteyecek... Herkes korkakça rutin yaşamına devam ederken, siz cesur bir adım atmışsanız, bu hayatta işte bu sizi seksi yapar. Seksilik; silikon, estetik ameliyat ya da marka giymenin bir sonucu değildir. Dünyada en seksi 3 şey; "kendin olmak", "kendini gerçekten sevmek", "kimsede olmayan birşeylere sahip olmaktır".

Gerçekçilik ve mantık... Dünyayı sıkıcı yapan iki kavram. Tamam yaşamak için bunlar gerekir, peki insanlar bunlara mı aşık olur, bunların mı ardından gider? Hayır... Garip geliyor başta ama "insan" yanılsama ve hayal ister. Hepimiz bize palavra sıkan birilerine bir zamanlar aşık olmuşuzdur. Çünkü belki de o yalanlara, yalan olduğunu bilsek de o an ihtiyacımız vardı, yani bir şekilde baştan çıkmıştık. Sizin varlığınız da tamamıyla gerçeği yansıtacak diye birşey yok. Biraz flu olun, herşey net olmasın. Biraz uzak, biraz farklı, biraz belirsiz, arada görünen ama göründüğü zaman da kafa karıştırıp giden.

Tehlikeleri göze almak... Korkusuzluk... Anı yakalamak... İma ederek ateşi yakmak... Bunları iyice özümseyin; ihtiyacınız olacak. Biraz kahraman edası şart, risk alarak küçük dağları siz yaratın. Fakat bu asla küstahça olmamalı. Siz gerçektekarşı taraf için çaba sarfeden birisiniz...

Birini baştan çıkarmak istediğiniz zaman O'na hayal gücünü kullanması için sonsuz bir fırsat vermelisiniz. Bırakın O sizi hayal etsin, hayal dünyasında sizi fantastik bir varlık haline getirsin. Olduğunuzdan fazlasını O size yükleyecektir, evet bu anlamda bu siz değilsiniz, sizden fazlası oldu durum ama unutmayın: aşk ve baştan çıkarma "yanılsamaları" sever. Hangimiz aşık olup da birilerini abartarak sevmedik ki bugüne kadar? Ve aşkın etkisi geçince, O bize "sıradan" gelmedi mi?..Karşınızdaki, günlük yaşamı, sıkıntıları, rutini değil aşkın büyüsünü istiyor sizden. Bunu O'na verin. Siz araya bir boşluk veya belirsizlik koydukça, O meraklanıp sizinle ilgili kafa yorup duruma kendince anlamlar yükleyecektir. Bu aşkı körükler.

Mutlaka kendiniz gibi olun. İşin içine sahtekarlık katmayın. Bir tarzınız olsun; kendiniz olmak ve daha fazlasını yapmaya gerek bile duymamak, ekstra çabaya sığınmamak, sizi çok güçlü ve özel yapar. Dünyada en çok ve en gerçek anlamda kendine güvenen kişi: sadece kendi olabilendir... Bunu görsün, anlasın ve şaşırsın! Baştan çıkarma sürecinde gerçek ve gerçek olmayan birbiri ile adeta dans eder... Bu durum, işin içine romans, çekim gücü, fantezi ve sürüklenme katar. Bu birleşimi çok iyi gözlemliyor olmanız gerekir. Bir yakın bir uzak, bir varmış bir yokmuş gibi... Çok da fazla uzaklaşmadan, soğuk değil ama gizemlisiniz, sakın bunu unutmayın... Arada kendinize dair minik bir sırrı açıklayın ama hemen ardından geri çekilin. Bir anı ve detayı paylaşın, iç dünyanıza O minik bir adım atsın ama gerisini merak etmeye devam etmeli...

Erkek mantıklı kadına aşık olmaz, karmaşık sinyaller gönderen, onun mantık dünyasını alt üst eden kadına aşık olur. Sürekli "zeka kanıtlama çabası" kadarerkekleri yıldıran başka bir kadın hatası yoktur.Güçlü ve başarılı yanlarınızdan çok, masum yanınızı bir erkeğe sunabiliyor olmanız gerekir.Yalnız ve mutsuz olmak,biriyle mutsuz olmaktandaha başarılıdır.

Bir ilişkide karşı tarafa sürekli birşeyler vadetmek, sürekli verici davranmak, O'nu sürekli birşeylerden kurtarmak, O'nu fazlaca elde etme işaretidir. O, emin olun bunu sevmez ve ego'lu bulur. O bir eşya değil, O'nu satın almıyorsunuz veya size mecbur bırakmıyorsunuz. Siz, O'nu etkileyip köşeye çekiliyorsunuz, O size geliyor, kapılarak, tutku ile ve aşkla... Bunu başarırsanız işte o zaman baştan çıkardınız demektir. Bu iş zorla olmaz. O'nun içinde o ateşi yakabilirseniz olur...

Cesaret günümüzün en çok takdir edilen ve kıskanılan kavramlarındandır. Çok fazla konuşmayın. Bencil ve iticiler hep kendini anlatır veya çok fazla konuşarak sıkar... Bunlardan olmayın sakın. Siz o kadar özelsiniz ki O sizi keşfetmek için can atıyor! Sürekli her an deşifre olmanın hiçbir anlamı yok. Sızlanmayın... Şikayet etmeyin... Sürekli dert yanmayın... Çoğu kişi, bunları yaptığı zaman, karşı tarafa samimi görüneceğini zanneder. Herkes mutlu kişileri etrafında görmek ister. Derin paylaşımlar ve her türlü sırrın açığa çıkması ancak baştan çıkarma süreci sonrası ilişki moduna geçilince olur, acele yok.

Şaşırtın! O, siz O'nu her şaşırttığınızda size daha çok kapılacak. Buna inanın. Çok fazla kurgu havası olmasın bu şaşırtmalarda, doğallığı kaybetmeyin. Rutin ilişkilerde ayrılıklar hızlanır. Merak ve kaybetme korkusu sizin silahlarınız bu süreçte... Tüm bunların

yanında size ısınmalı ve güvenmeli. O'nun tüm dünyası olmalısınız. Size gereksinim duymalı, sizin kendi içindeki boşluğu dolduracak kişi olduğunuzu düşünmeli. Siz O'nu tamamlayacaksınız. Gönderdiğiniz karmaşık ve kafa karıştıran sinyaller ile O'nu şaşırtırken, imalarınızı güçlü tutun. Kışkırtıcı bir hava yaratın. Sizin aşkınız dünyadaki herşeye meydan okur havada olmalı.

Peki siz O'nun size dair geldiği noktayı nereden anlayacaksınız? Bilinçli ve kontrollü yanıt ve tepkilerinden çok ani gelişenlere prim verin. Anlık ve aniden gelişen tepkiler O'nun gerçek hislerini anlatır. Olağandışı sözleri ve mimikleri daha çok O'nun iç dünyasını anlatır. Siz O'nun sahip olmak isteyip de olamadığı bir şeye sahip misiniz? Cevap evet ise, bu durum çok işe yarar. Cesaret, özgürlük, çekicilik, zeka gibi... O'nun istediği ama O'nda olmayan birşey sizde varmı? Varsa, size hayran olabilir. Bu durum O'nu size çeker.

GİDERKEN GİDER GİBİ GİTME,
GİDERKEN ANLAŞILMASIN,
GİDERKEN BELLİ ETME,
GİDERKEN BAŞLASIN...

Dolaylı anlatım çok önemlidir. Unutmayın; baştan çıkarma aynı zamanda bir kafa karıştırma işidir. Önce çevresinde dolanıyoruz, pat diye aşık olduk demiyoruz. Aşk tesadüfleri sever; O'nu şaşırtacak birkaç "tesadüf" geliştirmelisiniz. Kader, insanlık için en ilginç bilmecedir. Sizin karşı taraf ile baştan çıkarma sürecinizde mutlaka "kadersel" öğeler olmalı. Tesadüfen denk gelmeler, karşılaşmalar, eskiye dair kesişmeler, konuştukça ortaya çıkan ortak noktalar... Eğer sizin O'nun kaderinde bir yeriniz olduğunu düşünürse, bu durum aşkı tetikler. Eğer bu aşkı "kader" istediyse, O'nun istememesi imkansız, değil mi?..

GERÇEK AŞKSA BİTMEZ... SENİNSE GELİR...

Çoğu kişi aşkta "açık ve direkt olmazsam kaybederim" diye düşünür ve korkak hareket eder. Aşık olma bir süreçtir. Açık olan, bir anda takdir görse bile bu durum uzun sürmez... Uzun vadede, sürüklemeyi gerçekleştirmek için belirsizlik önemlidir. Başta sizi hemen çok iyi tanımamalı ve çözememeli, size dair bazı şeyleri "zannetmeli". Sizi fantezilerinin içine sokmalı, düşsel bir

hava yaratmalı akışın içinde. O zaman siz O'nun gözünde "büyürsünüz". İlk giriş, ilk adım, ilk görüşme unutulmazdır. Burada yaşanacakları kodlayacaktır. Buralara dikkat edin. Aşırı dikkat çekmek için en başta çaba sarfetmek sizi özgüvensiz ve yapay gösterir. Ama O'nun sizi keşfetmesini sağlamak mükemmel bir giriş olur. Hatta işin içine spontane öğeler girerse müthiş olur.

Bir şöhretiniz var mı? Tanınıyor musunuz? Çevreniz sizin hakkınızda konuşuyor mu? Sizi sık sık görmesindense başta size dair konuşulanları duyması, bilmesi sizi daha efsanevi hale sokar. Herkes, herkesin ilgi duyduğuna ilgi duyar. Çoğu kişinin bilinçaltında başkalarının istediği ya da beğendiğine sahip olma arzusu yatar. Bu bir hırstır; en olgun ve mütevazı kişiler bile kimsenin elde edemediği birini baştan çıkarabilince bununla gurur duyar. Bu müthiş bir zevktir… Eğer sizin uğrunuza bir rekabet söz konusu ise, bu baştan çıkarma sürecini kamçılar. Uğruna herkesin mücadele ettiği birisi iseniz, sizi özel ve bu kadar arzu nesnesi yapan nedir? İşte bunu merak edip arkanızdan gelecektir…

Baştan çıkarmanız için, karşı tarafın yaşamında birşeylerin kötü gitmesi, yanlış olması, eksik kalması, tatminsizlik gibi durumlar çok işe yarar. O'nda bir yetersizlik söz konusu ise, o aralığı iyi kullanıp o boşluğu siz doldurabilirsiniz. Siz O'nun dertlerinin dermanı iseniz, size karşı koymaz. Depresyonda ya da hayatından memnun olmayan kişiler, daha kolay aşık olur. Arayış ve tatminsizlik onları aşka iter. Gündelik yaşamını sıkıcı bulanlar, aşk sarhoşu olup fantastik bir boyuta geçme deneyimini eşsiz bulurlar. O'na yaşamındaki boşlukları net şekilde gösterin, sizin bu boşlukları çok iyi doldurabileceğinizi de ima etmeyi unutmayın… Siz uzaktan gelen gizemli bir yabancısınız, O'nun yaşamına o beklenen sihirli dokunuşu yapacak olan… Bu O'nu baştan çıkarır.

Seni sevmiyorsa bu harika bir haber. Demek ki "ruh eşin" o değil, başkası…

Amaç ve niyet başta apaçık belli olursa, kaçabilir, direnebilir, korkabilir. İma etme ve adım adım verilecek telkinler, O'nu bir dantel gibi işleyecektir... Sıradanken ortam ani bir çıkış yakalayın, az konuşurken birden önemli birşey söyleyin, beklemediği bir anda kışkırtın O'nu... Dans eder gibi adım adım...

Çok profesyonel ve kusursuz yapılırsa mükemmel sonuç verebilecek bir "baştan çıkarma ustalığı": asıl O sizi baştan çıkarmış gibi davranabilmek... Bunu sağlamak herkesin yapabileceği birşey değildir. Fakat çok etkili bir tarzdır. Teslim olmuş gibi görünerek, karşı tarafın gevşemesini sağlayın. Fakat gerçekte, ağa takılan O olur. Bunu boks karşılaşmalarında taktik olarak çok uygularlar fakat doğal bir hava içinde yapmazsanız, yapay olursa, sistem çöker. Dikkatli olun...

Karşı tarafı çözerken şunu iyi anlayın, unuttuğu bir ideali var mı, gerçekleştiremediği bi hayali var mı, kendine güvenemediği için yapamadığı bir şey... Bunu bulup O'na sunarsanız O baştan çıkar. O'nun en başta, eğer size doğru sürüklenirse neler yaşayabileceğini, nasıl bir zevk yolculuğuna çıkabileceğini anlamasını sağlayın. Turun

özetini kısaca verin, detaylara girmeyin merak etsin. Söz verip biraz zamanı geciktirmek güzeldir. Yalan söyleyin demiyorum asla fakat herşey beklendiği gibi gelişirse, iş rutine biner. Neler yaşayabileceğini bilsin ama herşeyi hemen yaşamasın... Size eski aşklarını anlatırsa, oralardan çok geçerli ipuçları yakalarsınız. Neden bitmiş, nelerden rahatsız olmuş, gerçek beklentileri neler... Bunları iyi analiz edin. Kuşku duysun, bu tip anlarda kaybetme korkunuz olmasın. Önce buna sinirlense de peşinizden gelecektir. Çikolatadan bir parça ısırsın, tadını alsın, hepsini yerse bir daha gelmez ama, bunu iyi anlayın...

Ruh eşini bulana kadar kandırılacak, aldatılacak, anlaşılamayacaksın... O'nu bulduğunda daha da çok sevebilmen için tüm bunlar...

Ara sıra sizden 'beklenmeyecek' hareketlerle "kuşku-merak-şaşırma" üçgenini destekleyin. Kuşku ve merak, sizi O'nun gözünde gerçekte olduğunuzdan daha yüksek yerlere taşır. Çünkü O size bu süreçte anlam katmaya devam edecektir. O'nu hiç beklemediği bir yere götürün... Hiç bilmediği bir restoranda yemek yesin, yeni birşey keşfetsin, buna bayılacaktır... Şehir merkezlerine uzak oteller neden hem gerçek hayatta hem de filmlerde, baştan çıkarmanın en büyük ikonlarındandır? Çünkü kaçışı temsil eder. Kaçış ve rutinden uzaklaşma, baştan çıkarmak için şarttır. Sizi tam olarak çözmemeli, merak ettikçe daha çok peşinizden gelir, o sırada farkında olmadan tüm aklı size kayar. Bir daha da bu yoldan zor döner...

Baştan çıkarma sürecinizi ani sürprizler ile perçinleyin. Şaşırsın, savunmasız kalsın. Bazı şeyler aniden ve birdenbire gelişsin.

Seni sevmiyorsa bu onun sorunu, artık senin sorunun değil.

Beklenmedik olsun... İnsanlar aşkı gerçekte aniden kapılarını çalan, beklenmedik bir sürpriz olarak görür. Güven vermek adına başta çok hızlı açılırsanız, çok kısa süre için takdir toplayıp ardından sıkıcı olursunuz. Başta çabuk deşifre olursanız, bu işin zevki nerede, çaba nerede? Baştan çıkarma bir süreçtir, hemen olmaz. Bazen sözlerinizi bile belirsiz tutun, O anlam yüklesin yani "sansın" sonra da "doğru mu sandım acaba" diyerek sürüklenir sürüklenir sürüklenir... O'nu övün, beğenin, iyi hissetsin. Gevşerse size karşı direnmez. Bir uzak bir yakın, karmaşık ve cezbedici, merak uyandıran, arada yakınlığı ile heyecan veren ama bazen de uzaklaşan: olmanız gereken bu. Özel biri, asla kendini sürekli anlatmaz. Çok da fazla sürekli yaşamın gerçeklerini dilinize dolamayın, kimse bunları istemez. Hayaller daha eğlencelidir. Değişik konular açın.

EN BÜYÜK İNTİKAM ÇOK SEVMEKTİR...

Toplum hepimize roller yükler. Bu rollere bürününce sıyrılmak ve gerçekten içimizden gelenleri yapmak zorlaşır. O, boyun eğerek istemediği bir yaşamı sürüyorsa, siz O'nun kahramanı olarak O'na çıkış için bir ışık gösterebilirsiniz. Siz nereye gittiğinizi veya O'nu nereye götürdüğünüzü iyi biliyorsanız, ardınızdan gelir... Aşırı övünmeyin, kendinize asla acımayın. "Hangi yaşa geri dönmek istersin" diye sorulduğunda hemen herkes çocukluk dönemine dönmek isteyeceğini söyler. Siz de O'nun tekrar çocukluk dönemindeki saf, meraklı, heyecanlı, istekli, mutlu anlarına döndürün... Bu arada kendinizden (gerçek anlamda) memnun olmalısınız, siz kendinize taparsanız başkaları da size tapabilir. Fakat bu noktada gerçekten tapılacak niteliklere sahip olup olmadığınızı da sorgulayın. Bu nokta kritiktir, yapay veya komik olmamakta fayda var.

Baştan çıkarmanın en önemli iki boyutu, ruhsal ve cinsel boyutlardır. Sizin şık bir amacınız var; baştan çıkarmak... Bu ruhsal bir süreç. Bir bilgi, strateji, farkındalık ve arzu yolculuğu. Bunu, insanlığı vareden cinsellik deneyimi ile harmanlayarak işi tılsımlı hale sokun. Fazla iyi davranmayın. Bu korktuğunuzu düşündürtür. İnsanlar hiç beklenmedik şekilde acıyı sevebilir... Aşkın içinde acı, acı çekme de vardır. Acıyı seven ve acıya aşık olanlar da epey fazladır... Sürekli iyi iyi iyi, feci sıkıcı olur. Bunu yapmayın. Bazı kısa ayrılıklar tutkulu barışmalar ile son bulur ve bu durum aşkı perçinler. Sürekli karşı taraftan güven alan biri baştan çıkmaz. Yanınızda hep rahat etmesin. Ani iniş ve çıkışlar arada dinamizmi perçinler. Arada kaybetme korkusu yaşamazsa baştan çıkmaz, çıkmışsa da heyecanı biter.

İki durumda feci şekilde baştan çıkmış aşk kurbanları bana gelir:

1. Kendinden birşeyleri karşı tarafta bulanlar...
2. Kendine hiç benzemeyen birine fena halde kaptıranlar...

Paçayı kaptırdıktan sonra el freni tutmaz, hata üstüne hata yaparsınız. İstedikçe olmaz, olmadıkça daha çok istersiniz.

Başta atılan büyük bir hatalı adımı geri çevirmek zordur. Aşık olan, çoğu zaman baştan çıkaramaz. Aşık etmek için ilk etapta siz kontrollü olmalısınız.

Ben bundan 6 yıl kadar önce televizyon kariyerime tesadüfler sonucu başladığımda, ilk canlı yayınlarımdan birini, dağda yaşamını süren kadın bir çoban aramıştı. Kadın bana aynen şöyle demişti:

"Ben bu şehirlerdeki kadınları anlamıyorum. Benim kocam bir kadın daha getirdi eve, kumam var, gül gibi geçinip gidiyoruz. Onunla kavga etsem kocamı kaybederim. Şehirde de böyle, bir erkeğin birçok kadını var ama onlar bunu sorun yapıyor."

Evet şehirli kadınlar görüyorsunuz! Çobanlık yapan hanımefendi işi çözmüş. Bazı durumlarda "yakınmak-eleştirmek-acizce istemek-kendine acımak" sizi çok küçültür ve karşı taraf size acır. Acıdığı için sizinle olacaksa hiç olmasın. O konumda iken zaten asla baştan çıkaramazsınız...

Hemen aramak hemen aramaktır, uzun zaman sonra aramak çok düşünüp aramaktır ve daha geçerlidir...

3. "BİZİ BÜYÜ YAPIP AYIRDILAR..."

Büyü gerçeği KUR'AN tarafından onaylanıyor. Büyü var, bir enerji olarak da tanımlayabiliriz bu konuyu. Karma borcu yaratan ve insanı günaha sokan en önemli konulardan biri. Büyü karşı tarafın özgür iradesini devre dışı bırakmak aslında. Kesinlikle bu tarz konulara girmemenizi öneririm. Allah'a ve dualara sığının. Herşeyi Allah'tan isteyin, olması gerekiyorsa olur, Allah herşeyin sizin için hayırlı olanını verir. Doğal akışa müdahale etmeyin.

Peki bu bölümü niye koydum... İnançlı ve doğru yolda ilerleyen insanların yanı sıra maalesef bu tarz olumsuz yollara bulaşan kişiler de var. Bana bugüne kadar çok fazla sorulan bir konu olduğu için büyü, bu bölümde hem benim ve bazı danışanlarımın yaşadıklarını burada sizlerle paylaşmak istiyorum, hem de çözümler önererek size ışık olmak...

Aşk hikayelerinde işi hırs haline getirerek bu yola başvuranlar olabiliyor. Oysa ki olay böyle gelişince durum aşk değil sadece bir zorlamadan ibaret kalıyor. Aslında bu konunun dışında, bana sorarsanız toplumda gördüğümüz çoğu ilişkinin özünde gerçek ve saf aşk yok. Menfaatler, hesaplar, planlar, gösteriş, yalnız kalma korkusu, motivasyon var... Gerçek aşkı yakaladığını düşünüp de büyü gibi bir olay sonrası aşkını kaybeden veya geçici ayrılık yaşayanlara gelince; burada sizin için hem bir yaşam dersi var hem de deneyimlenmesi gereken bir konu... Bu boyuta gelişmek ve öğrenmek için geldik, kötü olaylar da bizi geliştiriyor bunu asla unutmayın.

...

Bundan 9 sene önce reklam yazarlığı yaptığım bir dönemde, çok aşık olduğum biri vardı... İlişkimiz başlarda mükemmeldi, zaman içinde o büyük tutku kalmamış olsa da oturmuş, saygılı, iki insanın birbirini çok iyi anladığı bir seviyeye gelmiştik. BU ilişki benim çok çaba sarfettiğim, özen gösterdiğim, devam etmesi için elimden geleni hesapsızca yaptığım bir ilişki idi. Birlikte olduğum kişi çok konuşmayan, gizemli, kendini bazen zor ifade eden ama benim kesin ve net olarak aşık olduğum biriydi... Bana göre ikimizin benzer yanları da çoktu. İlişkinin en başlarında, onun hataları ve bağlanma korkusu nedeniyle birkaç kopukluk yaşanmıştı ama ben hep ona sahip çıkmıştım. Bu olaylardan sonra benim samimiyetim, çabam ve onun da gerçekte sevgiye aç biri olması sebebiyle ilişki zamanla güçlü bir bağa dönüşmüştü.

Artık ikinci yılımızdaydık ve hiç olmadığımız kadar da yakındık. Yaz aylarıydı, ortada hiçbir sebep yokken bir anda aramamaya sormamaya başladı. Ben ararsam konuşuyorduk, ondan hiçbir çaba kalmamıştı geriye... Bir sorun olduğunu hemen anlamıştım. Ben ararsam kısa kesik konuşuyordu, anlamsızca benden kaçıyordu. Sonunda onu serbest bırakmaya karar verdim, "bir süre aramam o karar verip gelir" diye düşünüyordum... Tuhaf birşeyler olduğu kesindi ama...

Ben inançlarım gereği küçük yaşlardan beri üzerimde koruyucu taşırım. İçinde sureler olan, dualar olan özel bir çalışma koruyucu... Bir gece anneannemde kalıyordum, gece geç saate kadar TV izlemiştim. Sonra uyumak için yattım ama uyku tutmuyordu. Çok geç saat tam uykuya dalacaktım ki bir ses değil ama bir his "onu unut, onu bırak, ondan nefret et" dedi bana... Çok korktum ve hemen ışığı açtım: koruyucum üzerimden alınmış ve yere atılmıştı...

O an herşeyi anladım. Aşkımla arama çok büyük ihtimalle biri girecekti veya girmek istiyordu. Büyü işi olmasa koruyucum bu şekilde üzerimden (çengelli iğne ile tutturduğum halde) gitmezdi... Koruyucuyu tekrar takıp yattım, çok kötü olmuştum. Ben bu işler karşısında neler yapabileceğimi biliyordum ama aşkımı buna ikna etmek imkansızdı, maalesef zaten genel olarak erkekler bu konuları duymaktan bile nefret ediyordu. O haftadan sonra artık hiç aramaz oldu beni, ben arayınca ya çok geç cevap geliyordu mesaj ile ya da hiç. Korkum artıyordu, dış etkiler yüzünden ilişkim bitecekti. Çok seyrek gerçekleşen telefon konuşmalarımızda artık sadece işi tartışmaya, kavgaya döküyordu, çok üzülüyordum. En sonunda, beni terk etti.

Bunun başıma geleceğini biliyordum, bu o değildi ama tüm bunları ona dışarıdan gelen negatif güçler yaptırıyordu. Bir gün bir davet haberinde, kızla onun resmini gördüm dergide. Kızın kim olduğunu anladım, tanımıyordum ama güzel olmayan, fettan olduğu çok belli olan, çok estetikli bir tipti... Bu işin iç yüzünü mutlaka ortaya koymalıydım, ben haklıydım ve aşıktım, bunlar bana olmamalıydı, tüm bunların içinde yaşam dersleri de vardı ama ne...

Artık sağdan soldan onlarla ilgili sürekli aşk haberleri geliyordu, herkes bana acıyordu, ben ise gerçekleri bilmenin verdiği acı ile elim kolum bağlı bekliyordum. Birgün küçüklüğümü bilen, çok sevdiğim çok yaşlı bir teyzem beni çağırdı evine. "Sen çok içine kapandın, anlat bakalım" dedi bana. Ona herşeyi anlattım, beni dikkatlice dinledi, "büyü işi" dedi. Bu tatlı teyzem de zamanında negatif enerjilerden çok çekmiş, zamanında doğaüstü konularla ilgili çalışmış ve çok inançlı bir Hacı idi. Beni çok güvendiği bir Hoca'ya gitmem için ikna etti, yola koyuldum ve Üsküdar'a gittim. Hocayı gördüğüm anda onu çok sevdim, nur yüzlü biriydi. Konuyu uzun uzun detaylı ona anlattım. Bu konunun 3 ay içinde ortaya çıkacağını söyledi. Ben de psişik konularla ilgilendiğim için, inançlı olduğum için, gerçek bir aşkı kalbimde taşıdığım için ve her gece KUR'AN okuduğum için konunun bana tesir etmediğini sadece aşkıma tesir ettiğini söyledi. Hoca ile çalışmaya başladık. Bana daha çok KUR'AN, havas, ilim öğretmeye başladı. Bana hep "sen çok iyi bir kızsın, Melekleri de öğren, sen ileride bu konularda çalışacaksın" derdi. Aşkıma yapılan büyü nedeniyle gittiğim yerde Allah'ı, KUR'AN'ı daha çok düşünür olmuştum, inançlarım daha da büyümüştü, her gece evde kendim de kitaplar okuyordum. Bir noktadan sonra hocam hem bu konuda bana yardım ederken hem de beni ciddi anlamda yetiştirmeye çalışıyordu. Bir gün yine derse gittim "yakında sana güzel haberler gelecek, biz onları ayırmıyoruz, seninkinin gerçekleri görmesi için tekrar özgür iradesine kavuşmasını sağlıyoruz" dedi. Yalnız bir sorun vardı, bu kadardı artık öğrenebileceklerim. Hocam "taşıyamazsın" dedi ve son derste beni bıraktı. Bundan sonra bu büyük bilgiler ile kendim yol alacaktım, yolumu kendim bulacaktım, kendi tarzımı geliştirecektim.

Hocam bu olaydan sonra daha geniş kapsamlı işler ve çalışmalar için yurtdışına gitti, gitmeden önceki son görüşmemizde bana "hep iç sesine odaklan, kimseyi geri çevirme, Allah ve KUR'AN ışığın olacak" dedi. Bana son defa bir enerji çalışması yaptı. O güne kadar sabırla kızla aşkımı uzaktan izledim, kıskanmıyordum çünkü yaşadıkları hiçbir şeyin gerçek olmadığını biliyordum. Aşkım çok bitkin ve mutsuz çıkıyordu hep birlikte çektirdikleri resimlerde. Kız ise muhteşem havalı, gösteriş içinde ama antipatikti. Kızın ona sürekli birşeyler satın aldırması, ilişkide baskın olma çabası, her yaptıklarını duyurma girişimleri aslında içyüzünü anlatıyordu herşeyin. Bir gece rüyamda, aşkımın kırmızı bir kıyafet içinde ağlayarak ve sinirli kapıma geldiğini, bana yaşlı gözlerle baktığını gördüm. Geri geleceğini, büyünün tesirinin geçeceğini artık anlamıştım.

Bu rüyadan bir hafta sonra sabah karşı beni aradı. Çok mutsuz ve pişman olduğunu gördüm, ona acıdım. Duygularım değişmemişti, onu kabul ettim. Büyüden, hocamdan, çalışmalardan bahsetmedim. İnanmazdı öyle şeylere hatta anlamayacaktı, biliyordum. Kız zaman içinde yine arasa sorsa da sonuç alamadı tabi ki, bir birleştik. Sonraları, ben yaşamımda daha spiritüel bir yol çizdiğim o ise daha materyalist bir yaşam istediği için biz karar ve anlayış ile kesin olarak ayrıldık. Bugün kendisi evli ve çok mutlu, ben de onun ve ona büyü yapan kızın sayesinde aldığım dersler ve enerjiler ile bu ülkede iyi tanınan bir Spiritüel Danışman ve Yazar'ım.

Büyüden, büyücülerden yani kötülerden bana güzel bir armağan ve yaşam dersi kaldı, bu hikayede sizler de okudunuz. Bu yaşananlar benim hayatımdaki önemli bir dönemi oluşturdu, beni bugünkü ben yaptı. Hep söylerim kötülere de bu boyutta ihtiyaç var. Büyü işi çıkmasaydı, hocamla ve Meleklerle belki de tanışamayacaktım...

...

Hocam bazen size yapılan bir büyü de "karma planıdır" derdi, o olayın yaşanması başka şeyleri de tetikleyebilirdi veya işin içinde enerjisel bir hesaplaşma da olabilirdi. Her gün büyü işine bulaşmış, pişman olmuş, kendisine yapıldığını düşünen çok sayıda kişi ile tabi ki işimizin bir parçası olarak bir araya geliyoruz. Herkesin en çok merak ettiği konu ise nasıl bu işten korunacağımız tabi ki...

BÜYÜDEN KORUNMA VE BÜYÜYÜ BOZMA YÖNTEMLERİNDEN BAZILARI...

1. Yöntem

41 Felak

41 Nas

21 Besmele

Her sabah okuyabilirsiniz.

2. Yöntem

3 Salatü Selam

7 Ayetel Kürsi

7 Kafirun

7 İhlas

7 Felak

7 Nas

7 Fatiha

Bakara Suresi ilk 5 Ayeti

Sabah-akşam okumayı sürdürün…

3. Yöntem

1001 defa İHLAS SURESİ'ni ard arda bir miktar tuza okuyun ve ardından 7 gün boyunca mümkün olduğunca az kişi ile irtibatta kalın, içinize yönelin, Allah'a sığının. Cevap gelecek.

4. Yöntem

1 metre uzunluğunda mavi bir ip edinin.

101 adet gevşek düğümü bu ipe atın ve daire oluşturun.

Dairenin merkezine geçin.

Mekanda üzerlik ile tütsü yapmaya başlayın…

Her bir düğümü çözerken, Besmele ve Felak okuyun.

Bu ipi çalışma tamamlanınca, denize atın.

Gerekirse çalışmayı tekrarlayın.

5. Yöntem

1 bardak evin dışından alınacak suya, Bakara Suresi okunur.

7 gün boyunca azar azar içilir.

6. Yöntem

9 gün boyunca aşağıdaki dua okunur, gece uyumadan önce abdest almayı unutmayın…

"Euzü bi vechillahil aziym. Ellezi leyse lehu şey'ün aziymün ve bi kelimatillahit tammatilleti la yücaviruhünne berrun ve la facirun ve bi esmaillahil hüsna ma ailmtü minha ve ma lem a'lem min şerri ma haleka ve zerae ve berae."

7. Yöntem

19 adet defne yaprağı alın.

Evi veya çalışma ofisinizi sirkeli su ile silin.

Belirli noktalara şap koyun.

Çalışma 7 gece devam etmeli, 7 gece defne yaprağı ile yıkanın.

(Yıkanma suyunuza ekleyin...)

8. Yöntem

Ayetel Kürsi ve Amenerasulü yazılıp, üzerinizde taşınabilir.

9. Yöntem

Bir miktar TUZ üzerine DUHA SURESİ (34 KERE), AYETEL KÜRSİ (17 KERE), İHLAS SURESİ (7 KERE) okunur, 7 gün içinde bu tuz tüketilir.

10. Yöntem

7 gün boyunca 7 kere MUAVVİZETEYN Sureleri okunur.

11. Yöntem

21 adet Sure-i Mülk ve CELCELUTİYYE okunur. 4 kişiye sadaka verilir.

BELİRTİLER...

İLİŞKİNİZDE BÜYÜ'DEN ŞÜPHELENİYORSANIZ, BUNLARI YAŞIYOR OLABİLİRSİNİZ:

1. Gereksiz ve büyük kavgalar...
2. Gelsin diye çok istemek, geldiği anda soğumak...
3. Bir türlü evlenememe...
4. Cinsel yaşamın bitmesi, isteksizlik, soğuma...
5. Sürekli geçmişteki kötü anıları yaşatma eğilimi...
6. Çok güzel görünseniz de sizinle ilgilenmemesi...
7. Ağırlık hissi, enerji düşüklüğü, iletişimsizlik...
8. Dengesizlik, ani değişiklik, iptaller...
9. Aşırı ödem, şişlik, ağrılar, yanma...
10. Aslında istemediğiniz şeyleri yapmak ve söylemek...
11. Onu görmeyince çok özlemek, yan yana gelince anında soğukluk hissetmek.
12. Sürekli beraberken geçmiş defterleri açıp Onu bunaltmak...
13. "Bu ben değilim içimden gelen başka, yaptığım başka" hissi...

Gece yarısından sonra...

Bu duayı 1001 kere ard arda okumak da son derece faydalı bir çalışmadır. Sonucunu hızla alırsınız. Yaşamım boyunca 3 kere yaptım, her defasından takip eden günler içinde güzel gelişme ve işaretler beni buldu.

Felemma elkav kale Musa ma'citüm bihi's sihru. İnnallahe seyübdiluh. İnnellahe la yuslihu amele'l müfsidin. (YUNUS SURESİ/81)

4. İKİNCİ KADINLAR İTİRAF EDİYOR!

Zerrin yıllar önce tanıdığım ve çok değer verdiğim bir danışanımdı. Çok güzel ve çekici bir kadın olmasına rağmen şikayeti yaşamı boyu karşısına çıkan her erkeğin evli olmasıydı. Kötü kaderini suçlamak ona kolay geliyordu, sebebi kendinde aramıyordu. Evli erkeklerle bazen bilerek sadece cinsel içerikli ilişkiler yaşıyordu, bazen bu ilişkiler aşk da içerebiliyordu. Çoğu kez yaşamına giren erkekler kendini bekar gibi de tanıtabiliyordu Zerrin'e, sonraları bu adamlar evli çıkınca Zerrin şaşırmaya bile değmeyeceğini biliyordu. Durumu kabullenmiş gibiydi.

Zerrin'in çoğu gençlik arkadaşı evli ve mutlu olduğu için, ona göre daha mazbut ilişkiler içinde olduğu için Zerrin'e mesafe de koymuşlardı. Zerrin onlar ve aileleri tarafından istenmiyordu. Hayatına giren evli bir erkek çoğu kez ona şu yalanı söylüyordu: "eşimle zaten ayrı gibiyim, kopuğuz, cinsellik desen hiç yok.."

Zerrin belirli bir zaman sonra mutsuzluğunu ört bas etmek için yaşadıklarını aklarcasına etrafına anlatmaya başlamıştı. Bana geldiği ilk günü çok iyi hatırlıyorum, alımlıydı üzerinde kırmızı ve çok iddialı bir elbise vardı. İçi yıkıktı ama yürüyüşü yine de çok edalıydı. Onunla konuşmaya başladığım anda tüm yaşadıklarını aslında istemediğini çaresiz hissettiği için boyun eğdiğini anladım.

Zerrin'in annesi yoktu, o küçükken vefat etmişti. Annesiz büyüyen küçük bir kız "kadınlar" veya bir kadının nasıl olması gerektiği hakkında net duygu ve düşünceler ile dolu olamıyordu. Babası annesinin ölümünden sonra çeşitli kadınlarla derin veya yüzeysel ilişkiler denemişti ama mutlu olamamıştı. Zerrin babasını kazanmak için çok çaba göstermiş ama bu çabayı karşılıksız kalınca üniversite çağında kesmişti. Babası ile kopuktu. Üniversite yıllarında ilk defa aşık olmuştu bu kişi onun okulda hocasıydı, adamın ilgisini saflıkla karşılamıştı ama gerçekte adamın başka şehirde eşi ve ailesi vardı. Bunu öğrendikten sonra Zerrin adama çok bağlanmış olduğu için, adam da onun ilk aşkı olduğu için başka serzenişte bulunsa da adamı bırakamamıştı. Hatta ona aşık olmuştu, ilişkiler yıllar sürmüştü ve maalesef adam beklendiği gibi verdiği hiçbir sözü tutmamıştı. Zerrin'in mezuniyet yılında adam hatta çok acımasız şekilde ilk sınıftan başka bir kıza ilgisini kaydırmıştı. Zerrin çok ağlayıp sızlanınca da Zerrin'i babasına şikayet edip "ben evli bir adamım, lütfen kızına sahip çık" bile diyebilmişti. Zerrin bu yaşananlardan sonra hep yaşamına evli adamları çekmekten korktu ve öyle de oldu: evli erkekler bir mıknatıs çekimi ile ona geldi.

Zerrin'in bu yaşamındaki eski kodlar değersizlik, ailedeki eksiklikleri ve ilk aşkla gelen darbe ile ilgiliydi. Geçmiş yaşamlara dair yaptığımız çalışmada ise Zerrin'in regresyonunda çok farklı bilgilere ulaştık... Zerrin kendini 16. Yüzyılda bir eğlence ve zevk evinde çalışan çok güzel kızıl saçlı bir kadın olarak gördü. Buraya sevmeyerek de olsa alışmıştı, burada çok sayıda erkekle beraber oluyordu aşka da asla inanmıyordu. Birgün buraya görevli olarak alınan bir adamla aralarında önce arkadaşlık gibi başlayan bir yakınlaşma olur. Bu adam fakir ama iyi yürekli, onun etrafındaki erkeklerden çok daha dürüst ve içten biridir. Bu evde ufak tefek işlere bakar, genç ve masun gibi görünen bir adamdır. Buluşmaya başlarlar, zamanla paylaşımları artar. Sonunda aralarında büyük ve yasak bir aşk başlar, bu aşk ikisinin de çalıştığı yerde göze batar. Onları ayırmaya çalışan zevk evinin patronu ikisini de gizlice öldürür. Bu hikayede kadını öldüren patron (evli biri) gerçekte kadına gizli ve eskiden gelen bir aşk ile bağlıdır. Kadının gerçekten aşık olduğu saf genç ise gerçekte evli çıkar sonraları. "Evli erkekler insanın yaşamını mahveder hatta yaşamına son verir" kodunu işte Zerrin bu çok eski anıdan almıştı. Bununla yüzleşen Zerrin saatlerce ağladı, takip eden 21 gün evden pek çıkamadı bu yaptığımız çalışma ona hem ağır hem etkili hem de çok öğretici gelmişti.

Zerin ile çalışmamızın devamında "serbest bırakma" tekniği üzerine yoğunlaştık. Bunun dışında geçmişle kodlarla yüzleştik, yanlış enerji geçişlerini tek tek kestik ve şifalandırdık. Zerrin 3 ayın sonunda başka bir kadın oldu. Geçmişteki acıları sürekli aklına getirmiyordu artık, gerekli yaşam derslerini almıştı ve çok güçlüydü. Eski Zerrin'i sevgiyle göndermişti, yeni biri olmayı seçmişti. 1 yıl aradan sonra bir gün bana mail attı, yeni bir aşkı vardı artık. Adı Emre idi ve adam bekardı hatta Zerrin'le evlenip Paris'e yerleşmek istiyordu. **Zerrin'ciğim bu kitabımdaki bu bölüm sana bir sürpriz biliyorum sen de okuyorsun bu satırları, seni çok seviyorum. TUĞÇE IŞINSU**

İKİNCİ KADINLAR NELER HİSSEDİYOR...

"Asıl aptal yerine konulan diğer kadındır" diye düşünebilir çoğu ikinci kadın, ikinci kadın diğer kadını bilir, ama asıl eş durumdan haberdar olmayabilir. En azından bir süre için...

Benim bugüne kadar tanıdığım pekçok ikinci kadın, aslında evlenmemek için evliliği sevmediği için bu yola girdiğini de söyleyebiliyor. "Bizden asla fazla talepte bulunamazlar, yüzleri yoktur çünkü bize İkinci Kadın muamelesi yapan odur" Şeklinde durumu açıklayabiliyorlar.

İlk Kadın büyük ihtimalle O'nun toplumdaki duruşunu ve statüsünü yansıtan biridir, ikinci ise onun özgür yanını, bilinçaltını, gerçek duygularını temsil ediyor olabilir. İkinci kadın cinsel anlamda da daha fazla arzulanan konumdadır çok büyük ihtimalle.

İkinci Kadın her zaman daha az hesap verir, evlilik vaadi de yoksa erkek hesap soramaz sorarsa iş boyut değiştirir, sorumluluk artar. Kavga anında ikinci kadının kozu da bellidir: "beni sen bu konuma soktun.." (tabi gerçekte siz kendinizi hayatta bu konuma sokuyorsunuz, bağlayan yok, durum belli, isteyen resti çeker gider.)

İKİNCİ KADINSANIZ; size çok fazla yalan söylemez, zaten konumunuz bellidir. Kandırmasına gerek kalmaz sizi, diğer kadın belki de daha çok kandırılıyor... En büyük yalan ise "boşanacağı" konusundadır. Evli erkeklerin pek azı ikinci kadın için boşanır...

Evli Erkekler ve YALANLAR!

Evli ve başka ilişkiler yaşayan, sadakatsiz yani aldatan erkekler aslında 3 ana kategori altında incelenir:

1. Karımı asla bırakmam! İşine gelirse...
2. Karımla zaten ayrıyım! Ben seni seviyorum, seninle evleneceğim...
3. Karımla durumumuz belirsiz, top sende... Bakalım neler olacak...

1. tip, eşini ne olursa olsun bırakmayacaktır. Sizin O'nu boşatmaya çalışacağınızı düşünürse sizden soğur. Bu tip erkek olduğu gibi kabul edilmelidir, çok kendine güvenen bir kadınsanız ancak O'nu bu ilişkide sürükleyebilirsiniz. Eşi ile asla rekabete kalkışmayın, sınırlarınızı bilin ve kendi sınırlarınız içinde baştan çıkarın. Bu tip erkek büyük ihtimalle korku ve kaygıları olan dogmatik bir tiptir. O sizinle eşi ile yaşayamayacaklarını yaşamak için birliktedir. Sizin de amacınız evlilikse, bu adam sizde aradığını bulamaz ve gider. Siz O'na özgürlük, kaçış, derinlik, egzotizm gibi daha orijinal teklifler sunun...

2. tip yalan da söylüyor olabilir tabi ama gerçekten eşinden ayrılmaya bahane de kolluyor olabilir öte yandan... Önce bu durumu iyice bir anlayın. Eşi ile ayrıysa, stratejiyi iyi belirleyin: evlilik mi istiyorsunuz yoksa aşk mı sadece... Amaç evlilikse uzun vadeli hedefler koyulmalı, hemen teslim olmamalısınız ve daha mesafeli gitmelisiniz. Amaç evlilik değilse, doludizgin başlayabilirsiniz. Zaten sıkılmış olduğu evliliği bitiyorsa sizin O'nu sürükleyeceğiniz yerler çok cazip gelecektir. Bu versiyonda çöl ve vaha ilişkisi geçerlidir. Siz bir vahasınız, e daha ne olsun...

3. tip kurnazdır... Topu size atar ki, bir problem çıktığı anda kaçabilsin ya da rahatça kıvırabilsin. Bu tiple savaşabilmek için, aynı oranda manevra kabiliyeti şarttır. Bu tipe

yapılacak 2 şey vardır: başta çok alıştırıp O'nun iyice gevşemesini sağlamaktır.

Sizi başta çok zeki sanmasın ki iyice açılsın, teslim olsun. 2. Adımda kafasını iyice karıştırın; "bu o kadın mı" desin size hayran olsun. Bu tiplerin çocukluğuna inmek de önemlidir. 14 yaşa kadarki yaşamından O'nu etkileyen veya sarsan bir detayı bulun. Hayatta ne O'nda güvensizlik yaratmış bunu araştırın ve siz O'na güven verin. Hiç ummadığı kadar zeki çıkın!

Şu bir gerçek ki evli erkekler başka bir kadınla daha aşk yaşamaya başladıklarında, en başta ateşli sözler verip sonra bunları unuturlar. Buna çok dikkat edin...

Bir gün, evli bir erkekle ilişki yaşayan bir danışanıma sordum : "Neden evli biriyle birliktesin?"

Cevap: "Bekarları elde tutmak daha zor, en azından bunun yeri yurdu belli!"

Fazla söze gerek yok...

İKİNCİ Kadın Olmanın zor yüzü...

1. Daima kötü ve değersiz hissetmek, mukayese yapmak.
2. "Bir gün konumum değişir mi" düşüncesi ile mücadele etmek ve bundan yorulmak.
3. Toplumdaki duruş, etrafa hesap vermenin zorluğu, gelecek kaygısı taşıma...
4. Kendine haksızlık yaptığını bile bile devam etmek...
5. Kaçmak, gizlenmek, yakalanma korkusu, kısıtlanmak...
6. AİLE BASKISI
7. Toplum baskısı

8. Hep birşeylerin eksik kalmasından dolayı "eksiklik kodunu" girmek ve böyle yaşamak
9. Gizlenmek, yalan söylemek, özgürlüğün kısıtlanması, saygısızlık
10. Bu duruma alışmak...

Türk toplumunda ailevi değerler, toplum baskısı, düzen değiştirmeme isteği ve benzer durumlar nedeniyle çoğu evli erkek 2. bir kadını daha varsa, eşini yasalar karşısında boşayıp onunla evlenmez. İstisnalar olabilir fakat ben de seanslarımda aynı durumu görüyorum: aşkın ilk ateşinin yandığı günlerde verilen tutkulu sözler zaman içinde unutulur, evdeki düzeni bozmak anlamsız gelmeye başlar, hem bu yeni kadınla da evlense evlilik yine eskiyecektir, o zaman ne gerek vardır böyle şeylere değil mi??

İkinici kadın olmanın bir felsefesi vardır ama herşeye rağmen... Başta da yazdığım gibi siz O'nun sığınağı, yağmurlu günlerde içinde korunduğu küçük barakası, sırdaşı, bazen erkek arkadaşı, bazen birlikte suç işlediği oyun arkadaşı gibisinizdir. Bunların bazen de tadını çıkarmakta fayda var çünkü zaten artık durumun içindesiniz... Genel olarak İkinci Kadın, diğer Kadına göre daha baştan çıkarıcı biridir. Bazı erkeklerin bir ömür İkinci Kadını olan kadın türleri de vardır. O erkek evlenir boşanır, bir daha evlenir bir daha boşanır, yaşamına birileri girer çıkar, o İkinci Kadın hep Sabit Kadın olarak oradadır. Belki de gün gelse, o Esas Kadın haline getirilse "o büyü" bozulur... Format baştan böyle atılmıştır bir kere...

"İkinci Kadın"lar hakkında daha önce de kitaplarımda bölümler yaptığım için çok eleştirir aldım. "Sen bu işi nasıl

desteklersin?" diyenler de oldu... Desteklediğim falan yok, anlamaya ve her iki açıdan da bakmaya çalışıyorum sadece. Bizim işimiz yargılamak değil, sebebi bulmak, yüzleştirmek ve şifayı sağlamak. Aynı erkeğin hem eşi hem de sevgilisi ile seans yapmak zorunda da kaldım çoğu kez... Zamanında sevdiğim kişinin aslında başkası ile olduğunu öğrendiğim de oldu küçükken. Herşey bu hayatta insanlar için, sonuçlar kadar sebepler de önemli. Bu boyuta öğrenmek için geldik, herkesin başına herşey gelebiliyor.

İKİNCİ KADINLAR İÇİN...

* Çok soru sormayın, diğer kadın büyük ihtimalle soruyordur.
* Konumunuzdan sık sık şikayet etmeyin, madem durum kötü neden kabul ettiniz başta?
* Diğer kadını sormayın, etraftan soruşturmayın, duyarsa sizin kendine güveniniz olmadığını düşünür.
* Baskı ile değil mutluluk ile size bağlanır. Başta pek birşey o sizin için yapmasa bile siz onun için yapın: küçük tatil planları, sürprizler, güzel yemek, onun yaşamını kolaylaştıracak zeki çözümler...
* Kendinize alıştırmadan rest çekmeyin, restin arkasında duramayacaksanız hiç çekmeyin. Yüzgöz olursunuz. Tabi bunlar eşinden ayrılmaya niyetli ise yapılmalı asla olmayacak bir şey için değil ki çoğu erkek eşini kolay kolay bırakmaz.
* Birşeyler istemekten korkmayın, sürekli alıcı konumunda olursa size bağlanmaz. Birşey verdiğimiz kişiye biz daha çok bağlanırız.

* Vazgeçilmez kılan nedir sizi sizce? Bunu anlamasını sağlayın. Ama bunu çok törensel bir şekilde yapın, her dakika konuşulmayacak kadar özel ve gizemli bir konu bu...
* Baskı sizi bitirir. Diğer taraftan büyük ihtimalle zaten baskı görüyor, görmese de toplum baskısı var, adam nereye kaçsın?..
* Bu resmi bir ilişki olmadığına göre, burada tek hakimin "duygular" olduğunu yani saflık olduğunu hissettirin.
* Çok iyi davrandınız, çok sevdiniz, çok fedakar oldunuz, çok sahip çıktınız ve terkedildiniz. Süper! Terkedince sakın aramayın. Yokluğunuzda sizin değerinizi anlayıp geri döndüğünde 1-0 önde başlarsınız.

"İKİNCİ KADIN KONUMUNDAYIM AMA BENİMLE DAHA ÇOK SEKS İÇİN GÖRÜŞÜYOR" diyorsanız...

Bu ilişki türünün değişik versiyonları vardır:

1. 2 taraf da aşıktır, birbirine çaktırmıyordur.

2. 2 taraf da aşıktır, kendileri bile bilmiyordur.

3. 2 taraf da aşık değildir, amaç sadece sekstir.

4. 1 taraf aşıktır, 1 taraf değildir.

5. Çok ender görülür: seks diye başlayıp gerçek aşka yelken açanlar...

Şehir yaşamında, plazalarında mutsuz ama "kariyerli" günler süren insanlık, hem pratik olduğu için, hem de vakit dar olduğu için zamanla seks ilişkilerine yöneldi son yıllarda.

Daha çok büyük şehirlerde görülen bu durumun altında yatan gerçek: "güvensizliktir". Peki güvensizlik nereden kaynağını alır?

Tabi ki sevgisizlikten...

Evet yaşam seks ile başlıyor, belki de ilişkilerin özü de bu ama insanlığı sevgisizliğe iten, bencilliğe yönelten, derinlikten uzak bir tarz var bu seks ilişkilerinde. Baştan çıkmış ve paçayı bu tip bir ilişkiye kaptırmış durumda olan çok kadın tanıyorum. Çok acı çekiyorlar, ayrılamıyorlar ve maalesef karşı taraf zaaflarını anladığı andan itibaren "ara sıra" gerçekleşen ve sonrasında neler olacak hiç bilinmeyen buluşmalar süreci başlıyor.

Genel olarak yeni başlayan bir ilişkide hemen birlikte olmak feci bir hatadır. Karşınızdaki kişi çok farklı bir beyin yapısına sahipse, o anın içinde sıradışı bir biçimde beklemedik duygular gelişirse ya da "ruh ikizi" iseniz, o zaman işler değişir. Normal şartlarda, ilişki geliştikçe ve yakınlaşma, güven oldukça seks devreye girer. "Ben başta cesur davranırım" diyorsanız, kendinize çok güveniyorsunuz demektir, takdir ettim.

Seks İlişkisi Nasıl Aşka Dönüştürülür?

1. Aşka dönüştürmeye çalıştığınızı hemen anlamasın, hiç başlamasın deyip çekip gidebilir.
2. Aşırı duygusal tepkiler vermeyin, size acımasın.
3. "Benimle böyle bir ilişkiye evet dedi, acaba herkesle böyle şeyler mi yaşadı?" diye içinden düşünür. Bu noktada O'nun özel olduğunu "ima" edin.
4. Sırlarınızı paylaşın, sizin O'na güvendiğinizi anlasın.

5. Siz ilişki talep etmeyin, talep ettirin: bu baştan çıkarmanın altın kuralıdır.
6. Siz mutlu, özel, kendine güvenen, değerli bir kadınsınız, bunu bilsin.
7. Size alışmadan rest çekmeyin, rest çekerken de çok sert olmayın, ilişkinin mevcut formatı nedeniyle zaten gidebilir.
8. Ruhsal farkındalık anlamında gelişin. Sevişirken siz konuşmadan, ruhunuz O'nun ruhuna mesaj verebilecek hale gelsin.
9. O'nu gerçekten sevebilir misiniz? "Gerçekten" severseniz bunu anlar, başta olmasa da gün gelir bu sevgiyi yaşamında isteyebilir. Gerçekten sevmek "elde etmek" değildir ama gerçekten olmasından bahsediyorum.
10. Sakın açık yakalamaya çalışmayın, koz elde edip kullanmayın. Fettan kadın olmayın.
11. Dışarıda başka aşkı varsa da bağrınıza taş basacaksınız bir süre. Siz ikinizin arasındaki bağı güçlendirin, O'nu gerçekten sevse belki de sizinle işi olmazdı...
12. Ara sıra aklı karışmalı, her an elinin altında olmayın. Size alıştıysa, bazı buluşmaları iptal edin.
13. O'nun iyiliği için birşeyler yapın. Bunu anlasın.
14. Kıskandırmaya çalışmayın hele de başka birini kullanarak, zaten ilişkinizin formatı sakıncalı, basit olmayın.
15. İş yaşamınızda ve aile yaşamınızda sizi üzenleri paylaşın, O reaksiyon verene kadar bunu yapın.
16. Maden bir seks ilişkisi var şu an elinizde, o zaman işi ritüelli hale getirin: tütsü, parfüm, renkler, kıyafetler...

17. Kitabımdaki sinemadan örnekler bölümünü iyice çalışın. Siz ikiniz bir filmin kahramanlarısınız aslında…
18. Kama Sutra öğrenin. İlişkiniz zaten bir seks ilişkisi, bari elinizden geleni yapın.
19. Terk ederse ve mesafe koyarsa sakın üstüne düşmeyin, aramayın, siz herşeyi kabul eden biri değilsiniz!
20. Kendinize sakın acımayın, yargılamayın. Bu bir seçimdi, her anın tadını çıkarın. Mutluluk mutluluğu çeker.
21. Asla kötü birşey yapıyormuş gibi üzgün ve suçlu tavırlar sergilemeyin; "biz bize özel birşeyler yaşıyoruz" tavrı takının…

BİR VARMIŞ BİR YOKMUŞ GİBİ YAPANLAR…

Bu modellere yine şehir aşklarında çok sık rastlanır. Bunlar kendilerini pek bir zeki ve yaratıcı bulurlar. 8 yıl aradan sonra dönen versiyonları bile mevcuttur. Yüzsüz olabilirler ve hep "haklı" bir açıklamaları vardır. "Saf"" rolünü de Oscar'lık bir performans ile hakkını vere vere oynarlar. Bunlara bir kere gerçek anlamda kaptıran sonrasında hep affedecektir, saygısız ve asla derinliği olmayan bir ilişki tarzını kabul edeler içindir ancak bu versiyon…

Bu bir gizemse evet bir yere kadar kabul edilebilir. Bu tarzı kullanan karşı taraf genelde sinsi, korkak, kısmen yalancı ve çokeşlidir. Sizin sıranız da ara sıra gelmektedir. O nedenle ilişkinin tam bir adı yoktur. Soru sorsanız asla net cevap gelmez, istekte bulunsanız da "bakarız" demeye getirir. Maalesef günün birinde "kötü" birine rastlarlar, belki kendilerinden de kötü birine ve kapılırlar çünkü karşı tarafta kendilerini bulurlar…

Bu tiple olmak çok yorucudur fakat "bugün elde edeceğim, yarın benim olacak, bak bu sefer farklı olacak" derken yıllarınız da gidebilir.

Bu tip, sizin teslim olduğunuzu anladığı anda işiniz biter. En azından geç teslim olun. Bu durumda yapılacak 2 şey vardır:

1. Gerçekten sevmek (yani zaten sevebiliyorsanız), "gerçek" olanla O'nu etkilemek çünkü O yalan aşkların insanıdır ve bunu farklı bulup şaşırabilir.

2. O'nu kendi silahı ile vurmak ya da sadece yaralamak.

Bu tip bu oyunu ile kendini epeyce zeki bulur. Hiç beklenmedik bir anda söyleceğiniz bir söz O'nu şok edebilir. İlişkinin geliştiği bir evrede buluşmaya hiç gitmeyin ya da son anda iptal edin. Çok kızacaktır ama kaybetmekten korkmayın, birşey olmaz...

ALDATANLAR, ALDATILANLAR...

İşte size süper bir taktik idolüm Aysel Gürel'den: "Seni aldatmasın istiyorsan, lütfen beni aldat de O'na"... Aldatan aslında sadece kendini aldatır. Aldatmaya O'nu iten bir ilişkiye kendini layık görmektedir. Bir başkasını kandırıyorum zannederken sadece kendini kandırır, avutur belki de. Birilerini aptal yerine koyacak kadar kötü bir seviyeye yaşamını taşımıştır daha kötü ne olabilir ki...

Aldatılan ve bunu anlamayan tecrübesiz ya da saf olabilir ki hayat böyle insanları günümüzde pek affetmiyor. Aldatılıp kabul eden ise ciddi anlamda kendi ile ilgili bir barışık olmama sorunu yaşıyor demektir.

Aslında bu konuya "sadakatsizlik" de deniyor bilimsel olarak, aldatma değil. Quantum düşünce sistemi açısından bakıldığında, sürekli her ilişkisinde aldatılanlarda kendini değersiz görme ve mükemmel ilişkiye inanmama sorunu olabilir. Bu inanç sistemine sahip kişiler yıllar içinde kendilerine telkin verip kötü ilişkilere de katlanılması gerektiğine kendilerini inandırmışlardır. Sürekli aldatan ahlaki açıdan zayıf bir aile yapısı içinde büyümüş olabilir. Özellikle kendine az gelen veya kendisini aldatmaya iten tipleri seçiyor da olabilir, sonra aldatırken vicdanını az da olsa rahatlatmak için... Bu tipler ayrıca, dünyanın kötü bir yer olduğuna da inanmaktadır. Dünya ve üzerindeki insan kötüdür onlara göre, O da aldatarak bu kötülüğe layık davranıyordur...

Aldatan ayrıca tuhaf bir şekilde çekici bir tiptir. Çoğu kişi aldatacağını bile bile kapılır bu tiplere... Bir de içten içe bir güç gösterisi vardır işin içinde: "bak o çok çapkındı ama şimdi ben O'nu elimde tutuyorum" durumudur bu. Yani bir anlamda çevreye ve kendine meydan okumadır. Kötüyü iyiye çevirme müthiş bir ego tatminidir, bunu çoğu kişi en azından denemek ister.

Kadınlar da çok aldatıyor günümüzde fakat iz bırakmama konusunda erkeklere göre daha ustalar. Seanslarda en beklenmedik hanımefendilerden bu tip itiraflar alıyorum. Kimseyi yargılamıyoruz, işimiz bu değil, ama güzel olan bir şey yaşanıyor bu noktada: "kişinin gerçek istekleri ile yüzleşmesi."

Erkekler daha çok heyecan ve seks için, kadınlar ise eşlerine ya da varolan erkek arkadaşlarına mahkum hissettikleri ve onları sevmedikleri için aldatıyor. Kadınlar anne olmaya yani verici olmaya programlı şekilde doğdukları için, anne yanları bazen onları sevmedikleri ilişkilere sıkı sıkıya bağlıyor ve katlamayı seçiyorlar.

Bugün çıkıp sevgisiz ilişki yaşayan bir danışanıma "ayrıl" desem anında o hiç sevmediği adamı ya da kadını savunmaya geçer, bu hep böyledir. Aşk sorunları vazgeçilmez bir oyuncak gibi, elinden alınsa çoğu aşık boşluğa düşer. Onlar korkuları yüzünden bu sorunlara sarılmışlar, bırakamazlar. Yeni bir yaşam, yeni bir seçim onlar için imkansızdır....

HER İLİŞKİSİNDE TERK EDİLENLER...

Bu tipler çoğu kez bilinçsizce hep terk etmesi garanti biri ya da kolayca terk edebilecek evredeki biri ile aşk yaşamaya kalkanlardır.

Size garip gelebilir ama bu vakanın altında: "kaybetme korkusu, aşktan kaçış, kendini sevmeme ya da bağlanma korkusu" yatar. Acı çekiyor ve şaşırmış gibi yaparlar terkedilince ama işin iç yüzünde bilinçaltları ve kodlamaları onlara hizmet ediyordur... Bu sonu kendileri hazırlarlar... İlk 5 buluşmada aslında istesek de istemesek de karşı tarafın niyetini, aşka bakışını ve bizden ne beklediğini görüyoruz. Sonra bunları unutuyoruz, erteliyoruz, gözardı ediyoruz ya da yüzleşmekten kaçıyoruz. Oysa ki detaylar her şeyi ele veriyor. İşimize geldiği gibi bazı yanlarını yorumluyoruz sonra ilişki bitince de şok oluyoruz güya...

Gidecek adam bellidir, kalacak olan da.

UNUTMAYIN!

1. Küçükken hayatta çok darbe alanlar, geri kalan yaşamında "değersizlikleri" kendine çeker.
2. Acı çekerek aşk yaşandığını kodlayan, hep kötü davranan aşık modelini yaşamına davet eder.

3. Kime sorsanız "ciddi bişeyler istiyorum artık" diyor, o zaman neden ciddiyetsiz adamların peşindesiniz?
4. Yanlış ilişkiyi baştan tek başınıza sırtlanırsanız, öyle gider... İlişkide 2 kişinin de emeği şart.
5. Bir kere terkedilip "ya yine olursa ya da hep artık terk edileceğim" şeklinde kendinizi kodlarsanız, bunu yaşarsınız.
6. Birilerini düzeltmek yerine kendinizi düzeltin, siz düzgünseniz düzgünler size gelir: enerji ve çekim yasası!
7. Terkedildiyseniz bunu neden yaşadığınızı bulun, yani bu olayı neden yaşamınıza çektiğinizi... Kökü size dayanıyor ve bu durum size güç versin. Sizin dışınızda aslında birşeyler gelişmiyor, herşey elinizde.

Bazen de hakikaten terkedilmek için ilişkiler başlıyor. Garip ama gerçek... Bağlanma korkusu kişiyi ciddi veya düzgün aşklardan uzak tutuyor. Bu ilişkilerin sonu olmasa da çoğu kez beklenenden uzun ya da süreç içinde çok da tutkulu yaşanabiliyor. Biteceği bilindiği için, ilişkiye aslında daha da çok sarılıyor özellikle de taraflardan biri... Eğer siz de hemen her ilişkinizde terkedilen tarafsanız şunu çok iyi anlayın ki: sizin kendinizle bir sorununuz var. Kendinize bazı itiraflarda bulunmanın zamanı gelmiş demektir.

Terkedilme korkusu yaşayanlara:

1. Giden gider, gidecek olanı kimse tutamaz, abartmayın, insanlar açlıktan ölüyor, dünyanın sonu değil bu durum ve yaşam sürdükçe umut vardır.

2. Size değer veriyorsa, gerçek anlamda bir duygu varsa gitmez. Gidiyorsa da bu iyi birşey; karmanızda yer almıyor demek ki..
3. Her terkedilme sorgulamayı başlatır. Bu tip evrelerde olgunlaşır ve kendimizi tanırız. Şükredin.
4. Öldürmeyen şey güçlendirir: bu terkediliş size ne kattı? Bunu çözün, size kattıkları için mutlu olun.
5. Gitti diye aslında O'na teşekkür borçlusunuz, gitmeseydi bundan sonraki büyük aşkınıza yer açılmayacaktı!

BAŞTA PEŞİNİZDEN KOŞUP ANİDEN ORTADAN KAYBOLANLAR...

Evlenecektik, söz vermişti!

Aniden gitti, oysa ki herşey süperdi!

Kendi yalvardı, peşimden koştu başta!

Ben hiç istemiyordum ilk zamanlar, o ısrar etmişti!

İnanmıyorum ya, hani aşıktı!

Açıklama bile yapmadan gitti, kapımda yatıyordu zamanında!

Çok tanıdık cümleler değil mi... Çok seviyordu ama gitti. Ne kötü biri bu, hadi hemen O'nu suçlayalım! Suç sizde... Gerçekten. Neden mi? Hep söylüyorum "açıklık bir işe yarasaydı, aşkta bu kadar çok acı çekilmezdi".

Açık oldunuz, teslim oldunuz, sevdiniz ama gitti... Çünkü istediğini aldı hem de çok kısa sürede, sürünmedi, heyecanlanmadı, acı çekmedi, şaşırmadı, kafası karışmadı. O bunları almak için size bir zarf attı siz de teslim olup O'nu sıktınız. Düz ilişkilerden veya düz aşık modelinden bahsetmiyorum burada, söz konusu onlar değil, biz yaralı aşkları ele alıyoruz.

Gittiyse sorun vardır ve sorun aslında sizdedir. Birincisi, bu tip birini yaşamınıza enerji, düşünce sistemi ve çekim yasası kuralları dahilinde siz çektiniz. İkincisi, herkesin bir şifresi vardır, ilişkilerde bu şifrelere uygun davranmanız gerekir, en azından aşk gerçekleşene kadar...

Başta fazla ilgi ve alaka gösteren zaten büyük ihtimalle acelesi var "bir bakıp çıkacak" gibi bir sinyal verir. Aman dikkat! Ayrıca daha dün bir bugün iki, neden bir anda bu kadar sevgi ve aşk patlaması, daha işin başındayız? Bunlar dikkatinizi çekmeli. Evliliğe çok az vakit kala aniden ayrılan çok çift tanıyorum. Aslında o ayrılığı son anda teklif edenin, ilk günden kafasında var bu ayrılık fikri. Gerçekten isteyen birini işkence yapsanız da yaşamınızdan çıkaramazsınız, aşk öyle bir duygudur işte. Sizinki başta üstünüze atlarken sonra pat diye kendi kaçıp gidiyor? Gitti mi asla aramayın. Sakın. O yaşanan süreç içinde samimi bir duygu geliştiyse zaten gelir ki gelse de kabul etmeyin derim aslında...

Marifet, bu tipleri başta çözüp Onlar sıkılmadan şaşırtarak ve usul usul Onları yaşamınıza almak. "Ya bu da diğerleri gibi çıktı" derse hızla kaçar. O, değişik birşey arıyor, rutini kıracak birini, numarayı yemeyen hatta numara ile gelen birini. Siz o musunuz?..

"Playboy" diye tabir edilen tipler bu gruba dahildir aslında. Bunlar "play" konusunda çok iyi oldukları için, başta yarattıkları sahte "tapma" duygusu çoğu kadınca hızla benimsenir ve "evet, evet, evet, kendime aşık ettim ben bunu" diye siz etrafta dolaşırken, o evde aynaya bakarak "ya bunların hepsi mi aynı numarayı yer" diyerek kahkaha atmaktadır...

DAİMA...

1. Fark yaratın.
2. Samimi ama gizemli olmak "aniden terk edecekmiş gibi duran" tiplerde iyi bir taktiktir.
3. Kendiniz olun, gereken yerde risk alın, çok gerekiyorsa terk edin.
4. Merak uyandırın.
5. O'na kendini ayna gibi yansıtın. Sizde bunu bulursa büyülenir.

EVLİLİK...

Evliliğinde sorun yaşayanlara baktığımda ilk büyük kırılma noktasının 3.5 yıl bitiminde olduğunu görürüm. Aşkın tutku kısmı bu yıl tamamlandığı zaman çoğunlukla biter. Bu noktadan sonra ya mantık ile sürer ya da arkadaşlıkla, alışkanlıkla. Bazen aldatarak evlilik ayakta tutulmaya çalışılır ya da dostça devam edilir hayattan çok şey beklenmiyorsa...

Evlilik insanoğlunun en ilginç buluşlarından aslında. Canlı yayınlarda çok dikkat ederim aslında izleyiciyi kırmamaya evli ise, yorum yaparken özellikle. Ben evli değilim diye böyle yazdığımı da sanabilirsiniz ama durum biraz şöyle: "yarın uyanacağımız bile şüpheliyken, birine ölene kadar sevmek için taahhütte bulunmak..." İnsan daldan dala konmak istemiyor ve birine ait olma duygusu ile yaşama başlıyor: ilk anne ile bağ kuruyoruz dünyaya gelince ve bağlılık ile tanışıyoruz, sonra da yaşamımızda bağlı olduğumuz kişiler olsun istiyoruz.

Fakat boşanmalar büyük şehirlerde arttı. Yanlış bir evliliği sürdürmek bir başarı olamaz.

Korku ve güvensizlik olabilir, belki de sizin aşmanız gereken içsel bir engelin yansıması…

Evlilikten ne bekliyorum, aman herkes evleniyor işte, ne var?

Evlilik bir katlanma oyunu mu, herkes katlanıyor, ben niye yapamıyım?

Aşkım bitince evliliğim de bitmeli mi?

Toplum ne der, boşansam daha iyisini mi bulacağım?

Evlilik yalnızlık korkumun üzerini mi örtüyor?

Evlenmezsem hayatım eksik mi kalır?

Ailem istiyor, onlar için mi evlenmeliyim?

Çoğu insan mutsuz da olsa evli kalabiliyor, demek ki korkacak birşey yok?

Evlenmezsem yaşlanınca ne yaparım?

Bu kadar sürdürdüm, iş inada bindi, evlenmezsem bunca emeğe yazık olmaz mı?

Evlenmezsem kimseyi bulamıyor denir bana, en iyisi bir şekilde evlenmek mi?

Eyvah 30'u geçtim, artık ancak dul veya sorunlu biri mi beni alır?

Eyvah 30'u geçtim, şansım azaldı, sevmeyerek de olsa evlensem mi?

Bu sorulara bayılıyorum. Mutsuz evli çiftlerin birbirlerinden kurtulmak için her gün bin tane girişimde bulunup iş ciddiye binince "yok ya o kadar da kötü biri değil aslında" ya da "filancanın kocası daha kötü yok yok bu adam bırakılmaz" telkinleri ile geri adım atışlarını yıllardır izler dururum. İnsanlar sorunlarını eskimeyen oyuncakları gibi görüyor. Asla çöpe atılmıyor o oyuncakları... Sonra ne yaparlar? Ya boşluğa düşerlerse...

Mutlu evliliklere mutluluk dilerim daima, söz konusu olan sorunlu evlilikler burada. "Soul mate" yani ruh ikiziniz ya da karma'nızda bir anlamda sizin için çizilmiş spiritüel yaşam yolunuzda, şu an evli olduğunuz kişi ile gerçek bir "misyon" bağınız yoksa, yaşadığınız evlilik sizin tekamülünüzü bloklar. Bu tip bir evlilik çakralarınızı bloke eder, yaşam enerjinizi düşürür.

İmzayı attırmak bir başarı gibi görülüyor, neden biliyor musunuz? Kız çocukları küçükken "evlenecekleri" gün için yetiştirilmeye başlanıyor ve bunun için dünyaya gelmişler gibi davranılıyor. Bunu yaşamayan büyümüş kız çocuğu "benim neyim eksik" ya da ben "hayatımın en önemli görevini yerine getiremedim" demeye başlıyor... Evlilik bir çocuk oyuncağı değildir. Çok kutsal bir konudur,

hakkını veremeyen ve bu müesseseye saygısı olmayan hiç denememeli. Evlilikte gerçek bir "sadakat", gerçek bir "paylaşım", gerçek bir "cinsellik" yoksa, iş yürümez. Sen evli değilsin nereden biliyorsun diyeceksiniz? Ben neden evli değilim biliyor musunuz; evliliğe çok ama çok saygı duyduğum için.

Evliliğin içinde de baştan çıkarıcı olmak zorundasınız hem de çok! Evlilik rutine girerse işiniz zor. Aldatılan evli kadınları incelediğimde yaratıcı olmadıklarını, çok fazla "evli" gibi davrandıklarını görürüm. Evli olun tamam, ama evin içinde ve dışında biraz da eşinizle bekarmış gibi flört edin. Evlilik içinde baştan çıkarıcı olmak başlı başına bir sanattır. Eşiniz neden başka bir kadına gider? Evliliğinizin ya da sizin içinizde olmayanları başka yerde bulduğu için. Bu durumda kendinizi geliştirmek zorundasınız.

Peki ben evli değilim de bütün bunları nereden biliyorum?.. Yıllardır evli kadınlara rehberlik veriyorum gerek canlı yayınlarda gerekse seanslarda...

Evlilikte Uygulanabilecek Baştan Çıkarıcı Öneriler:

1. Evin dışında, eşinizi temsil ederken tamam hanımefendi olun, ama evde her daim hanımefendiliğe hiç gerek yok!
2. Renklerin cazibesini kullanın. Ansızın kırmızı giyin.
3. Ev ve dekolte. Saçma mı? Hayır değil. Ev kıyafetleriniz gerçekten seksi mi? Adam evde uyanınca nasıl bir kadını görüyor kahvaltı masasında?..
4. Parfüm... Bu konu çok hassastır. Afrodizyak etkili parfümlerle kaç evliliğin kurtuluşunu sağladım bir bilseniz... (Bir gün düzenli çıktığım bir canlı yayında, ünlü bir markanın afrodizyak etkili parfümünün çok işe yaradığını söyledim sohbetin içinde ve aynı gün 2 büyük alışveriş merkezinde satışlar patladı. Facebook ve twitter'dan gelen mesajları ise görseniz şok olurdunuz!)
5. Aşk Yemekleri... Bütün Türkiye'ye canlı yayınlarda zorla öğrettim bu yemekleri, yapın, yedirin, şaşırın; çok etkili! Şanslısınız ki, aşk yemekleri tariflerim yeni versiyonları ile kitabın ilerleyen sayfalarında.
6. Dırıdırı bırakın.
7. O'nu dinleyin, sevdiğinizi ve özlediğinizi söyleyin.
8. Adamı iş yerinden sadece birşeyler istemek, sipariş etmek için değil, kur yapmak için de arayın.
9. Sadece özel günleri beklemeyin hediye alın, en sevdiği yemeği yapın.

10. Milyar dolarlar dönen iç çamaşırı endüstrisi; en egzotik yeni modelleriyle alışveriş merkezlerinde sizi bekliyor.
11. Evde meditasyon yapın, gevşeyin. Evin enerjisi değişsin; kocanız evde huzur bulsun.
12. Evinizi "Feng Shui" kurallarına uygun hale getirin ki eve güzel enerjiler gelsin, bu ilişkinizi etkiler.
13. Evde kavga olan gecelerin ertesi günü; cam kase içinde kaya tuzu bulundurun, adaçayı ile tütsü yapın. Evi yenileyin.
14. Kıskanç eş olmayın, öyleyseniz bile bunu içinizde tutun. Kişisel gelişim taktikleri ile bu durumu aşın, kıskançlık bezdirir.
15. Evlilik uzun bir yol ve ilişkiden çok daha fazlası. Zor anlarında eşinizin "erkek arkadaşı" da olun.
16. Eşinizin sevmediği komşu ve dostlarınızı çok sık eve çağırmayın.
17. Birlikte kurs ya da ders alın. Ortak zevkler, paylaşımlar çok olsun.
18. Eşiniz evin dışında zaten yoruluyor ve omuzlarında çok yük var, evin şımarık bebeği bırakın O olsun.
19. Romantik film seçiminde usta olun, mum yakın, gül yapraklarınız hep hazır olsun.
20. Eşinizin yaşamını kolaylaştırın ve "anlayışlı" olun. O emin olun bunu ister!

İMKANSIZ AŞKLAR...

Bu da bir acı çekmeyi sevme durumudur aslında. İmkansızı seçer bilinçaltı ki işin içinde acı olsun. Masalsı ve gizemli gelir bazılarına imkansız aşk. İmkansız bir aşkı seçenlerin çoğu kendini aşka gerçek anlamda layık görmeyenlerdir. Bu bir yanılsamadır aslında. Çoğu kez de kişinin kendi ile hesaplaşması gerekenleri ertelemesinden kaynaklanır. Asla gerçekleşmeyecek birşey için vakit kaybedilemeyecek kadar hayat kısa, bunu bilin.

Sorunlu ailede yetişenler, kendi ile barışık olmayanlar, yaşamı tekdüze bulanlar, korkuları olanlar imkansızı seçer. Gerçekleşse o aşk o an biter aslında, uzaktan kişi tek başına daha çok "efsane" haline getirir karşı tarafı ve bu oyunu sever. Yaşadığımız aşklar gerçekte içsel bir yolculuktur. Bir kendini bulma yolunda yürürüz... Herşeyi bilinçaltı ve kodlamalar seçer.

Herkes kendi hayatının başrolünde oynar, geri kalan herkes figürandır.

O nedenle konu o "imkansız aşkınız" değil, konu sizsiniz. Nede bu imkansız aşkı seçtiniz, bu aşksizi neden baştan çıkardı ve bu kadar sürükledi bunu çözmeniz gerekir. Kimse mutsuz olmak için bu dünyaya gelmez, bazıları bilerek veya bilmeden mutsuzluğu "seçer". Bu da bir öğrenme yoludur tabi, ders alındıktan sonra bırakılmalıdır ama...

Çoğu imkansız aşk yaşayan kişi, gerçekte "kendini değersiz görmektedir." Bu aşılması gereken bir sınanmadır. Birşeyin imkansız olmasının cazibesi vardır, ulaşılmaz olan değer görür. Bu mesafe esnasında imkansız olanın değeri, ihtişamı gözünüzde büyür. Yakınlaştıkça parlaklık azalır. Bir aşka, kişiye uzaksanız ve o sizin için imkansızsa, bu aşka siz anlam yüklemeye başlarsınız. Burada anlamı, değeri, ışıltıyı "siz" katarsınız. Bunun o kişinin değeri veya özel oluşu ile hiçbir ilgisi yoktur.

Baştan çıktıysanız ve bu oyunu şimdilik bırakmayı seçmiyorsanız;

1. Çok fazla açılıp kendinizi O'na küçük düşürmeyin.
2. Siz de kaçın, teslim olmayın hemen.
3. Sizin sahip olduğunuz baştan çıkarıcı ne varsa bunları ön plana koyun.
4. Dikkat çekin ama tuhaf ya da yapay durmasın.
5. Hakkında bilgi toplayın. Belki de bildikçe uzaklaşacaksınız...

BAZILARI AŞKA AŞIKTIR, SİZE DEĞİL...

1. Birisi sizin için ilişkinin ta en başında gerekenden fazlasını yapıyorsa...
2. Çok aşırı ilgi varsa ama bazı haller hala şüphenizi çekiyorsa...
3. Bazı şeyler ezbere yapılıyorsa, size özel durmuyorsa...
4. Geçmişini araştırdığınız zaman, süper başlayıp ani bitirdiği çok ilişkisi varsa...
5. Abartılıysa...
6. Ortada daha ilişki ve aşk gelişmemişken evlilikten söz ediyorsa...
7. İçten ve doğal bir akış değil de, bir senaryo akışı gibiyse durum...
8. Etrafa çok fazla ilişkinizin şovunu yapıyorsa...

Bu maddeler sizinkinde de gözlemleniyorsa, bu adama dikkat edin derim çünkü bu modeller size değil aşka aşıktır! Aşka aşık olmak kötü birşey mi? Belki de hayır ama üzülen siz olmayın. Şu da aklınıza gelebilir, peki bu tip bir adam ile birlikteyim, O'nun numarasını da anladım ama seviyorum, nasıl gerçek bir ilişkiye döndürürüm durumu? Tek bir yol ile: "O'nu kendi oyununun içinde beklemediği şekilde yenin!" buna tapacaktır ve sizi aşırı zeki bulacaktır.

BUNLARI MUTLAKA YAPIN:

1. İlk baştan topa girmeden akıllıca "sana inanmıyorum" sinyalleri verin ama görüşmeyi sürdürün.
2. O'nun –çok zor da olsa- gerçek duygularına girin, birşeyler yakalamaya çalışın ve bu adam "ne olunca duygusallaşıyor", bunu bulun.
3. Siz O'nu sürükleyin bir yerlere de, herşeyi o komuta etmesin.
4. İlk 1.5 ay sakın teslim olmayın.
5. O'nu şaşırtın, "bu diğerleri gibi değil" desin.

Bu tip adamlar "gerçek aşkı" değil, "gündelik rutine bindirmiş oldukları aşkı" bilirler. Onları gerçek ve derin bir aşk ile, kendi tarzınızı ortaya koyarak etkileyebilirseniz ya tamamen kaçar ya da bu sefer onlar size aşık olurlar. Buradaki baştan çıkarma esprisi "rutini kırmaktır"...

EVLİ ERKEKLERLE BİRLİKTE OLAN DANIŞANLARIMIZDAN, ÇALIŞMALARIMIZ BAŞLAMADAN ÖNCE ONLARDAN İZİN ALARAK YAYINLADIĞIMIZ KISA İLİŞKİ İTİRAFLARINI SİZLERLE PAYLAŞIYORUZ:

SEVDA- 35/yönetici asistanı

"Hayatta büyük konuşmamayı öğrendim... Asla evli erkekle olmam derken, 9 yıldır aynı evli erkekle birlikteyim. İlk zamanlar ha bu yaz ha bu kış derdim, ayrılıcam derdim. Yıllar geçtikçe birbirimizi daha da çok yakından tanıdık sevdik. Ailem bu olay nedeniyle benimle görüşmüyor, onun karısı da benden haberdar. Onu ruh eşim olarak görüyorum, keşke şartlar farklı olsaydı ama durum bu. Dini nikahım var, ayrılsam daha büyük bir aşk yaşayacağıma inanmıyorum..."

ÖZLEM- 28/pilates eğitmeni

"Kendisi patronumdu, evliydi ve ayrılacak gibiydi eşinden... Hatta eşi aslında onu pek de umursamıyordu ben de umut buluyordum. Beni öğrenince eşi aramızı bozdu, boşanma lafları da azaldı ve sonunda boşanma konusu bilinmeyen bir tarihe ertelendi. BU ilişkide kendimi değersiz ve kandırılmış hissetsem de ona bağlıyım. Maddi olarak da bana büyük olanaklar sağlayan biri. İlişkimizi güçlü kılan benim mücadelem ve cinsellik. Kızım olsa bunu yaşamasına asla izin vermem."

MELTEM- 39/servis elemanı

"Kadınlar öyle veya böyle çoğu aşkta, ilişkide zaten kandırılıyor. Ben yaşamımda hiçbir şeyden pişmanlık duymadım.

Erkekler yüzünden iş de kaybettim para da zamanında. Bu benim meselem beni herhangi bir kadının anlayacağını da düşünmüyorum. Çocukken şiddet gördüm konuyu kendimce buraya bağlıyorum. Şimdiki sevgilim dul ama zamanında evli erkeklerle oldum. Çok zor bir oyundur, bazen kendine haksızlık yaparsın bazen de kendine yalan söylersin..."

CANSU- 41/güzellik uzmanı

"Çok güzel sayılabilecek bir kadınken hem kendimden daha az eğitimli ve nedense evli olan veya sevgilisi olan erkeklere kapıldım. Fakir bir ailede yetiştiğim için ilk evli aşkımın maddi gücü ve tanınan biri olması da beni etkiledi. Sonra olayların arkası hep böyle geldi. Bana maddi olarak destek olan, ev açan, arabamı alan aşkım sonraları ayrılmak istediğimi söylediğim zaman bu yaptıklarını kafama kaktı. Kendimi bir kısır döngünün içinde hissediyorum. 5 sene önceki aklım olsa bu işe hiç adım atmazdım."

GÜLSEREN- 45/ ses sanatçısı

"Çok tutucu bir ailede yetiştim. Aslen doğuluyuz. Orada zorla evlendirilmek üzereydim ki büyük şehre yeğenimin de desteği ile kaçarak geldim. İş bulabildiğim tek yer o küçük atölye idi. Patronun oğlu ile aşk yaşamaya başladım kendisi evliydi. İşyerinde bu konu duyulunca oradan ayrıldım. Fakat sevgilim peşimi bırakmadı. Parasızlık ve şartlar, korkular beni ona daha da çok bağladı. O zamanlar bu ilişkiye aşk diyordum ama şimdi baktığımda hem pişmanım hem de sadece bağımlılık gibi geliyor bana. Kendine saygısı olan kadının işi değil bunlar..."

MELİSA- 21/öğrenci

"Evli bir erkekle birlikteyim ve bu adam aile dostumuz, babamın da iş yaptığı biri. Etrafımdaki diğer erkekler gibi bana göre aptal veya boş olmadığı için, koruyucu olduğu için onu seçtim. Bana hayat hakkında çok şey öğretti, kızı bizi biliyor benden 4 yaş büyük ve benden nefret ediyor. Ben genç biri de olsam hayatımda risk alarak gerçekten beğendiğim kişi ile birlikteyim. O çok farklı biri, eşini bırakmayacağını biliyorum zaten eşi ağır hasta. Ona olan sevgim gerçek, bir daha böylesini yaşayamam..."

FATİH- 38/yönetici

"Eşimle 11 yıldır evliyiz severek evlendik, her zaman her konuda yanımda oldu. Evliliğimizin ilk yılları geçtikten sonra aramızdaki cinsel çekim bitti, hatta benden çok daha fazla çocuklara odaklandı diyebilirim. Ev kadını ve iyi bir eş olarak onu görmeye başladım, ilk flört zamanlarımızdaki cazibesi gözümde bitti. Son iki senedir birlikte olduğum başka bir bayan var benden yaşça küçük, bana değer veren, çok çekici ve bazen aklımı başımdan alan biri... Bu yeni ilişkim bana kendimi iyi hissettiriyor diyebilirim, işe daha büyük motivasyonla gidiyorum, yüzüm gülüyor. Eşim bazı şeylerden şüpheleniyor, ilişkimizi tam olarak bildiğini sanmıyorum. Sevgilimden ayrılmayı düşünmüyorum, her erkeğin böyle farklı arayışlar içinde olduğunu arkadaş çevremden de biliyorum, hatta bu gizli ilişki bugün evliliğimi hala sürdürebilmemde rol oynuyor. Bu bir denge diyelim..."

SERKAN- 45/işletmeci

"Mesleğim gereği çok güzel kadınların içindeyim. Küçük yaşta görücü usulü evlendim, 3 çocuğum var ve evim ailem benim için değerli. Onlar her zaman bir numara. Aynı mekanda birlikte çalıştığım, zor anlarda bana destek olan, aile yaşantıma saygı duyan Arzu ile 18 aydır birlikteyim. Cinsel içerikli çok kısa ilişkilerim daha önce de evliyken oldu ama Arzu farklı diyebilirim. Eşim bazı mesajlarımı yakaladı ama çok soru da sormadı. Aldatmadığını iddia eden erkek yalan söyler, her erkek aldatır. Eşimle yapamadığım herşeyi Arzu ile yapabiliyorum ve konuşabiliyorum. Herkesin yeri ayrı, bu erkeklerin dünyasında çok doğal..."

MUAMMER- 51/doktor

"O zamanlar tecrübesizlikle de alakalı olarak sevdiğim kız ile evlenmekten korktum onu yarı yolda bıraktım diyebilirim. Biz Doğuluyuz, ailem başka bir kızı istedi, bir an için olabilir diye düşündüm ve fazla hızlı karar verip kabul ettim evlendim. Zamanla evlendiğim kişi ile aynı çatı altında gerçek anlamda hiçbirşey paylaşamadığımızı gördüm. Evliliğimde ilk yılı geride bıraktıktan sonra, eski aşkımı çok özlediğime karar verdim ve onu aradım. O da hala bana aşıktı ve ben evliyken ilişkimiz yeniden başladı. Bir eşimle resmi diğeri ile dini nikahım var. İkisine de ayrı bir açıdan çok büyük değer veriyorum. Ayrılmayı düşünmüyorum. Bazen bir erkek aradığı herşeyi aynı kadında bulamaz. Kadın tek eşlidir erkek çok eşlidir, kim ne derse desin..."

SUAT- 31/dj

"Erkekler bilinen ve zannedilenin aksine konu yoğun bir cinsellik olunca aşıkken bile aldatabilir. Bunu ben ve çevremdeki hemen hemen tüm erkek arkadaşlarım doğal olarak görürüz. Aksini söyleyen yalan konuşmuş olur. Şu an 2 yıldır süren bir ilişkim var, bir de ara sıra pek ortalarda görünmeden buluştuğum, aşık olmadığım ama alıştığım cinsel anlamda mükemmel bulduğum başka biri daha var. Diğer kız ilişki istiyor ve bağlılık ben ise diğer kişiyi seçtim yaşamımda. Cinsel anlamda hayatımda yeri olan kişiyi kandırdığımı da düşünmüyorum ben baştan kartları açık oynadım..."

5. DUALAR, SABAHI UZAK GECELERDE SIĞINAĞINIZ OLSUN...

Manevi anlamda gelişen kişinin aşkta ve ilişkisinde atacağı adımlar da daha doğru, olgun ve farklı olur. Ayrılık sonrası bazı geceler çok uzun olur, bu gecelerde derdinizi dostlarla, tanıdıklarla ya da sizi anlamayan kişilerle paylaşmaktan çok Allah'a yakın olmanızda fayda var. Bu sizin yaşamınız ve sizin imtihanınız. Kim bilir bu yaşadığınız aşk acısının, ayrılığın, terk edilmenin, ihanetin ardında sizin için başka nasıl güzellikler, dersler, yaşam öğretileri var. Bu bölümde sizlerle paylaşacağım dualar size ışık ve rehber olacak. Çok daha güçlü ve iyi hissetmenizi sağlayacağı gibi sezgilerinizi de artıracağı için kendi yolunuzu da aydınlatacaksınız.

İSTİHARE ÇALIŞMASI

Çoğu kişiden rüyalar ve rüya rehberliği hakkında soruları sıkça alıyorum. Eğer bir işin sizin için hayırlı olup olmadığını öğrenmek, sonucuna dair bir bilgi veya hisse kavuşmak isterseniz bu çalışma sizin için.

İki rekat namaz kılın.

İlk rekatta Fatiha'dan sonra Kafirun okuyun.

İkinci rekatta Fatiha'dan sonra İhlas okuyun.

Namaz sonrası, aşağıda İstihare Özel Duasını okuyun:

"Allah'ım senin ilminden hayır istemek için bu gece niyete girdim. Büyük ihsanını benden esirgeme. Sen büyük ve herşeye kadir olansın. Ben bilmem sen bilirsin. Bu dilediğim konu bana hayırlı ise bana bu konuda yol aç ve işaret gönder. Meleklerin ile bana ışık yolla. Beni güçlü kıl, yolumu kolaylaştır. Bu konuyu bana mübarek hale getir. Hayrıma değil ise bu gece yine rüyamda bunu anlamama izin ver. Senden gelecek herşeye razıyım, hayırlısı olsun bana yeter. Sana ve Meleklerine sonsuz teşekkürler."

Abdestli bir şekilde yüzünüz kıbleye dönük uyumaya koyulun.

Rüyada siyah-kırmızı şer, yeşil-beyaz renkler ve bunlarla ilgili semboller görmek hayırdır.

Bu çalışmada uyumadan önce BAŞMELEKLERİN İSİMLERİ DE SÖYLENEBİLİR: Mikail*Cebrail*İsrafil*Azrail

Kuran'daki tüm sureler ayrı güzeldir. Hepsi her zaman usulüne uygun okunmalıdır. Ben de bazı sizi rahatlatacak, sıkıntınızı azaltacak, sureleri bu bölümde paylaşmaya çalışıyorum:

Kendinizi ruhsal anlamda zor bir dönemden geçiyor olarak görüyorsanız devamlılık göstererek **DUHA SURESİ'ni** okuyabilirsiniz.

Kur'ân-ı kerîmin doksan üçüncü sûresi.

Duhâ sûresi, Mekke-i mükerremede inmiştir. On bir âyet-i kerîmedir. Birinci âyet-i kerîmede duhâya (kuşluk vaktine) yemin edildiği için bu kelime sûreye isim olmuştur.

Okunuşu :

Vedduha velleyli iza seca.Ma veddeake Rabbüke ve ma gala

velel ahıratü hayrulleke minel ula vele sevfe yu'tıykerabbüke feterda elem yecidke yetiymen fe ava ve vecedeke dallen feheda ve vecedeke ailen feağna.Fe emmel yetiyme fela takher.Ve emmessaile fela tenher.Ve emma bi ni'meti rabbika fehaddis.

Anlamı :

Kuşluk vakti ile karanlığı ile alemi kaplayan gece ile kasem ederim ki Rabbin seni terk etmedi ve sana darılmadı.Elbette ahiret senin için dünyadan daha hayırlıdır.Muhakkak Rabbin sana hoşnud olacağın şeyi verecektir.O,senin bir yetim olduğunu bilip te seni barındırmadı mı?Ve seni yol bilmez iken yola koymadı mı?Ve seni fakir bulup ta zengin etmedi mi?O halde yetime kahretme.Saile onu azarlayıp kovma. Bununla beraber Rabbinin nimetini durmayıp söyle.

İlişkinizde sorun yaşıyorsanız, daha muhabbetli olabilmek için:

TAHA SURESİ, 39. Ayet

"Ve elkaytü aleyke mehabbeten mini."

41 defa okuyabilirsiniz, okumanın ardından 786 kere Besmele çekip suya okuyun, bu sudan ikiniz de için.

DUHAN SURESİ, 25. Ayet

"Kem terekü min cennatin ve uyun."

21 defa eşinize doğru okuyabilirsiniz, gerilimi azaltır, muhabbeti sağlar.

Size bir kötülük yapıldığına inanıyorsanız, o kişilere kötülük ile karşılık vermeyin. Yapmanız gereken yine Allah'a sığınmak, haklı-haksızın ayrımını yine Ona bırakmaktır. Bizler tekamül için bize kötülük yapanlara da iyilik ile cevap vermeliyiz.

"Euzü billahis semiil alimi mineş şeytanir racim."

"Kovulmuş şeytanın şerrinden herieyi işiten ve bilen Allah'a sığınırım."

Çok darda olduğunuz yine kalp acısı çektiğiniz bir gecede, "ışığa" ihtiyacınız varsa bu dua sizin için:

"Allahümmecal fi kalbi nuran. Ve fi lisani nuran. Vecal fi semi nuran. Vecal fi basari nuran. Vecal min halfi nuran. Ve min emami nuran. Vecal min fevki nuran. Ve min tahti nuran. Allahümme atini nuran."

"Ey Allah'ım, kalbime nur ver, dilime nur ver, kulağıma nur ver, gözüme nur ver. Arkamı nur et, önümü nur et, üstümü nur et, altımı nur et. Ey Allah'ım bana nur ver."

Çok fazla kuruyorsanız, beyniniz sürekli meşgulse ve bu anlamda rahatlamaya ihtiyacınız varsa:

"Bismillahirrahmanirrahim. Ya Allahu! Er Rakibu, El Hafizu, El Halimu, Ya Allahu!

El Hayyul, El Halimu, El Azimu, ER Raufu, El Kerimu, Ya Allahu!

El Hayyu, El Kayyumu, El Kaimu, ala külli nefsin bima kesebet. Hulle beyni ve beyne aduvvi."

Üzüntünüzü aşamıyorsanız...

"Ya Hayyu Ya Kayyum, birahmetike estağisu." (Hadis)

"Ey ölmeyen hep diri ve herşeyi ayakta tutan Allah'ım rahmetine sığınırım."

"Allahü Rabbe la üşrikü bihi şey'en."

"Allah benim Rabbimdir, Ona hiçbirşeyi ortak koşmam."

Kendinizi arındırmak, doğru karar verebilmek, dileğinizin olması için aşağıdaki duayı 1100 defa okuyabilirsiniz:

"Allahümme salli ve sellim ala seyyidina Muhammedin ve ala alihi kadra ilahe illallah ve eğnina vahfezna ve veffikna lima terdah vasrif annes sue verda anil haseneyni reyhanetey hayril enami ve an sairi alihi ve ashabihil kiram ve edhilnel cennete dares selam Ya Hayyu Ya Kayyumu Ya Allah."

Aşkın en güzel meyvası tabi ki bir bebek. Bebeğiniz olmuyorsa elbette ki bu da bir takdir, aşağıdaki çalışmayı yapın ve Allah'a dua etmekten asla vazgeçmeyin:

313 kere erhamerrahimin diyerek başlayın.

313 kere ardından YA SAMED çekin.

Ali İmran Suresi'ni 40 gün boyunca okuyun.

Ayrıca Ali İmran Suresi, 37. Ayeti "bal, arı sütü, çörek otu tozu, ısırgan tohumu" karşımına 41 defa okuyun ve 1 ay içinde yemeye çalışın. Allah kabul etsin.

Ben dua okumaya başlamadan önce ALLAH'ın 99 güzel ismi ile birlikte, BAŞMELEKLERİN isimlerini de saymaya özen gösteriyorum:

MİKAİL

CEBRAİL

İSRAFİL

AZRAİL

RAZIEL

METATRON

ARIEL

ESMALAR ile çalışmak artık hepimizin de bildiği gibi çok rahatlatıcı ve içimize huzuru serpiyor. ESMALARDA zikir sayısı da çok önemli, o andaki yoğunlaşmanız da... ALLAH'ın güzel isimleri umarım dileklerinizi gerçekleştirmede, acıları atlatmada, ruhsal keşiflerinizde size ışık olur. Burada isimlerin bazılarını sizler için yazdım ama unutmayın Allah'ın her ismi ayrı güzeldir, milyonlarca şifaya kapı açar.

YA VEKİLÜ- 66 kere okuyabilirsiniz, dertleri Allah'a bırakın, birşeyi sadece ONDAN isteyin, Allah hepimizin en büyük dostudur.

YA MACİD- 48 kere okunabilir, özellikle aile olmak isteyenler için, çocuğu olmayanlar için etkili olabilir, şifalarla...

YA VAHID- 19 kere okunabilir bu isim ve gönül meselelerinde etkilidir, kalbi yumuşatır, kavuşmalara olanak tanır.

YA VALİ- 47 kere okunabilir, karşı tarafı olumlu bir konu ile ilgili olarak tesir altına almak, sözünüzü ona daha kuvvetli aktarmak için bu ismi zikredebilirsiniz.

YA AFÜVVÜ- 156 kere zikredilebilir, bu isim ile zikir yaparsanız kalbiniz nur ile dolar ve rahatlarsınız. Ayrıca olumsuz enerjileri de geride bırakırsınız.

YA KABİDU- 903 kere okuyabileceğiniz bu özel isim çok etkilidir, istediğiniz konuya kavuşmanızı sağlar, mühim dilekler için okunabilir.

YA ALİMU- 150 kere bu ismi zikredebilirsiniz, olumlu ve hayırlı konular yolunda dilediğiniz kişiyi tesir altına almanız anlamında tesirlidir.

YA MÜSAVVİRU- 336 kere okuyabileceğiniz bu isim ile manevi anlamda gelişip huzur bulabileceğiniz gibi aynı zamanda rüyanızda istediğiniz konuya dair mesajlar da alabilirsiniz.

YA HALİM- 88 kere zikri yapılması gereken bu özel ismin enerjisi ile size istediğiniz gibi davranmayan eşinize doğru yolu gösterebilirsiniz.

MURAD İÇİN...

Allah'ın izni ile ve hayırlısı ise aşk ve ilişkilere dair pekçok konuda da hem dualarla kendimizi rahatlatır hem daha doğru rehberliğin içinde oluruz. İçselliğimiz gelişir ve pekçok sorunun cevabını içimizde de buluruz. Önemli bir muradınız varsa:

5 vakit namaz kılın, namaz sonunda AYET-EL KÜRSİ okuyun, 66 defa ALLAH ALLAH zikri yapın.

ÇOK ÖNEMLİ BİR AMACA ULAŞMAK İÇİN...

Bol bol salat ve selam okuyun...

Odaklanarak ve niyetinizi düşünerek tam 700 kere FATİHA SURESİ'ni okuyun.

Secde ayetlerinden birini okuyun, secdeye kapanın.

Çalışmayı 16641 defa YA LATIYF isminin zikri ile mühürleyin.

GAM VE KEDER İÇİNDEYSENİZ...

1000 defa SALAT-Ü SELAM okuyun...

Allahümme salli ve sellim ala seyyidina ve Mevlana Muhammedin salaten tehullü biha ukdeti ve tüferricü biha kürbeti ve tünkızüni biha min vahleti ve tukiylü biha asrati ve takdiy biha haceti.

KARŞI TARAFIN SEVGİSİNİ KAZANMAK İÇİN...

Cuma günü 150 defa sevdiğinizi düşünüp okuyun:

"Sübhaneke la ilahe illa ente ya Rabbe külli şey'in ve Varisehu ve Razikahu ve Rahımeh."

EŞLER ARASINDA SOĞUKLUK VARSA...

Önünüze 1 bardak su koyun aşağıdaki duayı 1000 defa suya okuyun, suyu için.

"Ya Samedü min ğayri şibhin fe la şey'e ke mislih."

DİLEK DUASI

Sabah namazından sonra aşağıdaki duayı 33 kere okuyun, devamlılık sonucu kuvvetli kılar.

Bismillahirrahmanirrahim.

La havle ve la kuvvete illa billahil aliyyil aziym. Ya Hayyü Ya Kayyümü ya Daimü Ya Ehadü Ya Samedü.

ÇOK KUVVETLİ BİR DİLEK GERÇEKLEŞTİRME ÇALIŞMASI...

Pazartesi – YA HAYYÜ YA KAYYÜM 1000 DEFA

Salı – ALLAHÜMME SALLİ ALA SEYYİDİNA MUHAMMED 1000 DEFA

Çarşamba – ESTAĞFİRULLAHEL AZIYM 1000 DEFA

Perşembe –SÜBHANELLAHİ VE Bİ HAMDİH 1000 DEFA

Cuma- YA ALLAH 1000 DEFA

Cumartesi- LA İLAHE İLLALLAH 1000 DEFA

Pazar – YA HAYYÜ YA KAYYÜM 1000 DEFA

BÜYÜK **"CELCELUTİYYE DUASI"**

Celcelutiyye Duası... Size önerebileceğim en kuvvetli çalışma CELCELUTİYYE duasıdır aslında. Çok kuvvetli etkileri olan bu dua, BAŞMELEKLERİN kanatlarında, başlarında yazılıdır. 7 kat göklerde bu duadan bahsedilir. ARŞ'ın kenarında da bu duanın yazılı olduğu bilinir. Sırlı, hazine değerindeki bu dua ile çalışma yapmak sizi ALLAH'ın izni ile güzel sonuçlara taşır.

Bu duayı 21 kere okuyarak çalışabilirsiniz.

Bismillahir-rahmanir-rahim

1. **Bede'tü bi bismillahi rûhî bihih tedet. İlâ keşfi esrârin bi bâtınihin'tevet.**
2. **Ve salleytü bis'sânî alâ hayri halkıhî. Muhammedin men zâhad dalâlete vel-ğalet.**
3. **İlâhi lekad aksemtü bismike dâıyen. Bi âcin mâ hûcin celet fetecelcelet.**
4. **Seeltüke bil ismil muazzami kadruhû. Ve yessir ümûri yâ ilâhî bi salmehet.**
5. **Ve yâ hayyü yâ kayyûmu ed'ûke râciyen. Bi âcin eyûcin celceliyyûtin helhelet.**
6. **Bi samsâmin tamtâmin ve yâ hayra bâzihin. Bimihrasi mihrâşin bihin nârü uhmidet.**
7. **Bi âcin ehûcin yâ ilâhî mühevvicin. Ve yâ celcelûtin bil icâbeti helhelet.**
8. **Li tuhyî hayâtel kalbi min denesin bihî. Bi kayyûmin kâmes sirru fîhi ve eşrakat.**
9. **Aleyye dıyâün min bevârikı nûrihî. Felâha alâ vechî senâün ve ebrakat.**

10.Ve subbe alâ kalbî şeâbî bû rahmetin. Bi hıkmeti mevlânel kerîmi fe'entakat.

11.Ehâtat biyel envâru min külli cânibin. Ve heybetü mevlânel azimi binâ alet.

12.Fe sübhâneke'llâhümme yâ hayra hâlikin. Ve yâ hayra hallâkın ve ekrame men beğat.

13.Fe belliğnî kasdî ve külle meâribi. Bi hakkı hurûfin bil hicâi tecemmeat.

14.Bi sirri hurûfin ûdiat fî azimetî. Bi nûri senâil ismi ver rûhi kad alet.

15.Efıd lî minel envâri feydate müşrikın. Aleyye ve ahyî meyte kalbî be taytağat.

16.Elâ ve elbisennî heybeten ve celâleten. Ve küffe yedel a'dâi annî bi almehet.

17.Elâ vahcübennî min aduvvin ve hâsidin. Bi hakkı şemâhın eşmehın sellemet semet.

18.Bi nûri celâlin bâzihın ve şerantahın. Bi kuddûsin berkûtin bihiz zulmetüncelet.

19.Elâ vakdı yâ rabbâhü bin nûri hâcetî. Bi nûri eşmehın celyen serîan kadinkadat.

20.Biyâhin ve yâyûhin nemûhin esâliyen. Ve yâ âliyen yessir ümûrî bi saysalet.

21.Ve emnahnî yâ zel celâli kerâmeten. Bi esrâri ılmin yâ halimü bikencelet.

22.Ve hallısnî min külli hevlin ve şiddetin. Bi nassı hakimin kâtıis sırri esbelet.

23.Ve ahrisnî yâ zelcelâli bi kâfi kün. Eyâ câbirel kalbil kesiri minel habet.

24.Ve sellim bi bahrin ve a'tınî hayra berrihâ. Fe ente melâzi vel kürûbi bikencelet.

25.Ve subbe aleyyer rizka sabbete rahmetin. Fe ente recâül âlemine velev tağat.

26.Ve esmim ve ebkim sümme a'mi adüvvena. Ve ahrishüm yâ zelcelâli bilhavsemet.

27. Ve fi havsemin mea devsemin ve berâsemin. Tehassantü bil ismil azimi minelğalet.

28.Ve ellif kulübe'l-alemine cemiaha. (Ala risaleti nuri) Aleyye ve a'tıni'l-kabule bişelmehet.

29.Ve yessir ümûri yâ ilâhî ve a'tıni. Minel ızzi vel ulyâ bi şemhın ve eşmehat.

30.Ve esbil aleynes setra veşfi kulûbenâ. Fe ente şifâün lil kulûbi minel ğaset.

31.Ve bârik lena'llâhümme fi cem'i kesbinâ. Ve hulle ukûdel usri biyâyûhin irtehat.

32.Biyâhin ve yâyûhin ve yâ hayra bâzihın. Ve yâ men lenel erzâku min cûdihî nemet.

33.Neruddü bikel a'dâe min külli vichetin. Ve bil ismi termîhim minel bu'di bişşetet.

34.Ve ahzilhüm yâ zelcelâli bi fadli men. İleyhi seat dabbül felâti ve kad şeket.

35.Fe ente recâi yâ ilahî ve seyyidî. Fe fülle lemîmel ceyşi in râme bî abet.

36.Ve küffe cemiâl mudırrîne keydehüm. Ve annî bi aksâmike hatmen ve mâ havet.

37.Fe yâ hayra mes'ûlin ve ekrame men a'ta. Ve yâ hayra me'mûlin ilâ ümmetin halet.

38.Ekıd kevkebî bil ismi nûran ve behceten. Meded dehri vel eyyâmi yâ nûru celcelet.

39.Biâcin ehûcin celmehûcin celâletin. Celîlin celceliyyûtin cemâhin temehracet.

40.Bi ta'dâdi ebrûmin ve simrâzi ebramin. Ve behrati tebrîzin ve ümmin teberraket.

41.Tükâdü sirâcün nûri sirran beyâneten. Tükâdü sirâcüs sürci sirran tenevverat.

42.Bi nûri celâlin bâzihın ve şerantahin. Bi kuddûsi berkûtin bihin nâru uhmidet.

43.Biyâhin ve yâyûhin nemûhin esâliyen. Bi tamtâmin mihrâşin li nâril ıdâ semet.

44.Bi hâlin ehîlin şel'ın şel'ûbin şâliın. Tahiyyin tahûbin taytahûbin tayettahet.

45.Enûhın bi yemlûhin ve ebrûhin uksimet. Bi temlihi âyâtin şemûhin teşemmehat.

46.Ebâzîha beyzûhin ve zeymûhin ba'dehâ. Hamârûhin yeşrûhin bi şerhin teşemmehat.

47.Bi belhın ve simyânin ve bâzûhın ba'dehâ. Bi zeymûhın eşmûhın bihil kevnü ummirat.

48.Bi şelmehatin ikbel düâi ve kün mai. Ve kün lî minel a'dâi hasbî fekad beğat.

49.Fe yâ şemhasâ yâ şemhasâ ente şemlehâ. Ve yâ aytalâ hetlur riyâhı tehalhalet.

50.Bikel havlü ve's-savlü'ş-şedîdü limen etâ. Libâbi cenâbike veltecâ zulmetüncelet.

51.Bi tâha ve yâsîn ve tâsîn kün lenâ. Bi tâsin mîm lis seâdeti ukbelet.

52.Ve kâfin ve hâyâin ve aynin ve sâdihâ. Kifâyetünâ min külli aynin binâ havet.

53.Bi hâmîm aynin sümme sînin ve kâfihâ. Himâyetünâ min külli süin bişelmehet.

54.Bi kâfin ve nûnin sümme hâmîmin ba'dehâ. Ve fî sûretid dühâni sirran kad uhkimet.

55.Bi elifin ve lâmin ven nisâi ve ukûdihâ. Ve fî sûretil en'âmi ven nûri nüvvirat.

56.Ve elifin ve lâmin sümme râin bi sirrihâ. Alevtü bi nûril ismi min külli mâ cenet.

57.Ve elifin ve lâmin sümme mîmin ve râihâ. İlâ mecmeı'l ervâhı ver rûhi kad alet.

58.Bi sirri havâmîmil kitâbi cemîıhâ. Aleyke bi fadlin nûri yâ nûru uksimet.

59.Bi amme abese ven nâziâti ve târikı. Ve fî vessemâi zâtil bürûci ve zülzilet.

60.Bi hakkı tebâreke sümme nûnin ve sâilin. Ve fî sûretit tehmîzi veş şemsi küvvirat.

61.Ve bizzâriyâtiz zerri ven necmi iza hevâ. Ve bıktera-bet liyel ümûru tekarrabet.

62.Ve fî suveri'l-kur'âni hızben ve âyeten. Adede mâ karael kârî ve mâ kad tenezzelet.

63.Fe es'elüke yâ mevlâye fî fadlikellezî. Alâ külli mâ enzelte kütüben tefaddalet.

64.Bi âhiyyen şerâhiyyen ezûnâyi sabvetin. Esbâvüsin âli şeddâye aksemtü bi taytağat.

65.Bi sirri büdûhin echezetın betadin zehecin. Bivâhıl vehâ bil fethi ven nasri esraat.

66.Bi nûri feceşin maa sezhazin yâ seyyidî. Ve bil âyetil kübrâ eminnî minel fecet.

67.Bi hakkı fekacin maa mahmetin yâ ilâhena. Bi esmâikel hüsnâ ecirnî mineş şetet.

68.Hurûfün li behrâmin alet ve teşâmehat. Ve'smü asâ mûsâ bihiz zulmetün celet.

69.Tevesseltü yâ rabbi ileyke bi sirrihâ. Tevessüle zî züllin bihin nasühtedet.

70.Hurûfun bi ma'nâhâ lehel fadlü şürrifet. Meded dehri vel eyyâmi yâ rabbinhanet.

71.Da'vetüke yâ Allâhü hakkan ve innenî. Tevesseltü bil âyâti cem'an bimâ havet.

72.Fe tilke hurûfun nûri fecma' havâssahâ. Ve hakkık meânîhâ bihel hayru tümmimet.

73.Ve ahdırnî avnen hadîmen müsehharan. Tuheymefeyâîlü bihil kürbetün celet.

74.Fe sehhırlî fîhâ hadîmen yütiuni. Bi fadli hurufi ümmil kitâbi ve mâ telet.

75.Fe es'elüke yâ mevlâya fismikellezî. Bihî izâ duıye cem'ul umûri teyesserat.

76.İlâhi ferham da'fi vağfirlî zelleti. Bi mâ kad deatkel enbiyâü ve tevesselet.

77.Eyâ hâliki yâ seyyidî ıkdı hâcetî. İleyke ümûrî yâ ilâhî tesellemet.

78.Tevesseltü yâ rabbî ileyke bi ahmedâ. Ve esmâikel husnelletî hiye cümmiat.

79.Fe cüd va'fü vasfah yâ ilâhî bi tevbetin. Alâ abdikel miskîni min nazratin abet.

80.Ve veffıknî lil hayri ves sıdkı vettükâ. Ve eskinennil firdevse maa firkatin alet.

81.Ve kün bî raûfen fî hayâti ve ba'demâ. Emûtü ve elkâ zulmetel kabrin celet.

82.Ve fil haşri beyyıd yâ ilâhî sahîfetî. Ve sekkıl mevâzînî bi lutfike in haffet.

83.Ve cevviznî haddes sırâti mûhervilen. Ve ahminî min harri nârin ve mâ havet.

84.Ve sâmihnî min külli zenbin ceneytühû. Vağfir hatiati'l ızâme ve in alet.

85.Fe yâ hâmilel ismillezî celle kadruhû. Tevekkâ bihî küllel ümûri tesellemet.

86.Fe kâtil ve lâ tahşe ve hârib ve lâ tehaf. Vedüs külle ardın bil vühûşi teammerat.

87.Ve akbil ve la tehrab ve hasım men teşaü. Ve la tahşe be'sen li'l-müluki velev havet.

88.Fe lâ hayyetün tahşâ ve lâ akrabün terâ. Ve lâ esedün ye'ti ileyke bi hemhemet.

89.Ve lâ tahşe min seyfin ve lâ ta'nin hancerin. Ve lâ tahşe min rumhin ve lâ şerrin eshemet.

90.Cezâ men kara hâzâ şefâatü ahmedâ. Ve yühşeru fil cennâti maa hûrin suffifet.

91.Va'lem bi ennel Mustafâ hayru mürselîn. Ve efdalü halkıllâhi men kad teferrakat.

92.Ve saddir bihî min câhihî külle hâcetin. Ve selhü likey tencü minel cevri vettağat.

93.Ve salli ilâhi külle yevmin ve sâatin. Alel mustafa'l muhtâri mâ nesmetün semet.

94.Ve salli alel muhtâri vel âli küllihim. Ke addi nebâtil ardı ver rihi mâ seret.

95.Ve salli salâten temleül arda ves semâe. Kevebli ğamâmin maa ruûdin tecelcelet.

96.Fe yekfîke ennellâhe sallâ bi nefsihî. Ve emlâkehû sallet aleyhi ve sellemet.

97.Ve sellim aleyhi dâimen mütevessilen. Meded dehri vel eyyâmi mâ şemsün eşrakat.

98.Ve sellim alel ethâri min âli hâşimin. Adede mâ hac-cel hacîcü ve sellemet.

99.Varda yâ ilâhî an ebî bekrin maa omera. Varda alâ osmâne maa haydari's sebet.

100.Kezel âlü vel ashâbü cem'an cemîuhum. Maal evliyâi ves sâlihine ve mâ havet.

101.Mekâlü aliyyin vebni ammi muhammedin. Ve sirru ulûmin lil halâikı cümmiat.

AMİN

Tüm dualar her zaman Allah'a gider, bu kitapta meleklerle ilgili bir bölüm de bulacaksınız. Melekler konusunu yeni yeni yaşamına katan değerli dostlarımız, "meleklere dua konusunu" karıştırabiliyor. Melekler Allah'ın elçisi, ***dua sadece Allah'a edilir***. Zaten herşeyi sadece ve daima Allah'tan istiyor olmamız gerekir. Siz Meleklerle irtibata geçip bir şey dilediğinizde de yine onu verecek Allah'tır. Duaların gerçek olması için belirli bir zaman vardır, ilahi bir planlama, mucizevi bir zamanlama, ilahi bir döngü fardır. Dualar takip edilmez, o duanın kabulü Allah'a kalır. Herşey her zaman elbette ki iyi gitmeyecek ama unutmayın hiçbirşey her zaman kötü de gitmez.

Derdi de tekamül için Allah verdiğine göre asla isyan enerjisine geçmemeniz gerekir. BU kitap bir aşk kitabı ama bana göre hayatın her alanında ve her konuda "dua" şart. Acı çektiğiniz veya dilekte bulunduğunuz anlarda yine Allah'tan başkasına ihtiyacınız yok…

Dua ederken…

Temiz bir kalp ile başlayın…

Allah'ın adlarını ve Meleklerin adlarını da söyleyebilirsiniz.

Dua sonrası bir adım atmanız gerekiyorsa atın.

İşin içine şüphe katmayın.

Amin: emin olmaktır, İNŞAALLAH: Allah inşa eder yani yapar anlamındadır.

6. DANIŞANLARIMIN YAŞADIĞI MUCİZELER

TECAVÜZÜN KARANLIK YÜZÜ VE MELEKLER...

Melek Yüzlü Kadına,

O zamanlar 16 yaşındaydım... Sevdiğim erkek tarafından o kış kasabamızın tenha bir yerinde tecavüze uğradım. İkimizin de ailesi kasabada iyi tanınan kişiler olduğu için onu apar topar büyük şehre İstanbul'a yolladılar. Ondan bir de kızım oldu adını Kader koydum... Kızım evlilik dışı dünyaya gelmişti, 2 yaşına gelince kızımı yani herşeyimi aileler alıp benden kopardı. Hayatımı düzeltmek için hala sevdiğim erkeğe mektuplar yazdım, aracılar koydum olmadı... Ses gelmedi İstanbul'dan...

Suçum sadece çok sevmekti, aldığım darbelere rağmen hala aile olmayı çok istemekti. Her gün camileri dolaşırdım, adak adardım, evde geceler boyu dua ederdim. Bu arada zaman geçti, ben geldim 24 yaşıma, kızım da serpildi büyüdü ama hep benden uzaktaydı ara sıra görüyordum onu. Bir gün İstanbul'dan haberi geldi aşkım başkası ile evlenmişti. Ailesinin beğendiği, ona yakıştırdığı, zengin, kültürlü biri imiş... Öyle duydum, bir kez daha yıkıldım.

Güçlenince kızımı da yanına aldı. Ben 30 kilo verdim ve çok da sağlıklı değilim diye kızımı ara sıra bana gösterdiler, hep yanında olamıyordum. Şimdi O yeni kuracağı ailesine kızımı da katmak istedi. Allah'tan kızım orada huysuzlandı da yine bizimkilerin yanına geri geldi... Hayatı çok sorguladım, bunları haketmemiştim, yüzüm nerede gülecekti... 35 yaşıma geldiğim zaman bu Melekler konusu ile ilgilenmeye başladım. Çaresizdim ve Allah'a sığınmasam, dualar olmasa zaten ayakta kalamazdım. Evde melek köşemi kurup sizin kitaptaki çalışmaları yapmaya başladıktan sonra ilk zamanlar büyük bir gelişme olmasa da içimde bir huzur oluyordu. Hatta bu kitabı doğumgününde kızıma da yolladım. Nisan ayıydı, bir gece tuhaf bir rüya gördüm. Rüyamda Azrail'le buluştum bir deniz kenarında, bana "merak etme böylesi hayırlı" dedi. Sonra bana göğü işaret etti ve ışık olup gitti. Uyandığımda yatakta küt küt kalbim çarpıyordu. Bu rüya kesin bir mesaj için bana gösterilmişti ama iç yüzü neydi...

Bu rüyadan 10 gün sonra hayatta tek sevdiğim erkeğin, bana tecavüz etse de beklediğim erkeğin ölüm haberi geldi... O yaptığı evlilik de yarım kalmış oldu... Bu olayı duyduğum gece o tecavüz olayının yaşandığı mekana gittim. Orada saatlerce ağladım, bir ara içim geçmiş... Uyandığımda orada bir kuş tüyü elbiseme ilişmiş şekilde doğruldum. Bu Meleklerimin bana "güvendesin, herşey güzel olacak" işaretiydi bana göre.

Ertesi gün kızım aradı... Beni sık aramaz, sanki olanlar benim suçummuş gibi bir tavrı oldu bana ilk doğduğu günden bu yana... Benimle çok sıcak konuştu, Melekler ve Dünyanın Kurtuluşu kitabınızdaki altını çizip çalıştığı bölümleri anlattı, hatta bana Melekli bir biblo almış, ondan da söz etti. Bir hafta sonra buluştuk, uzunca sohbet ettik. O günden sonra, babası da ölünce birbirimize tutunmaya karar verdik. Benim kızım bana göre aşk bebeği, kimilerine göre tecavüz bebeği... Onu sevdiğim günden beri yaşadıklarım hep roman gibi, şimdi bu romanın sonunu sizinle ve Meleklerle yazıyorum. Sıra dışı bir yaşam bana uygun görülmüş, takdir böyle imiş... İsyan etmiyorum, aşka da kendimi kapatmamayı sizden öğrendim. Kitabınızdaki çalışmalar bana çok iyi geldi. Kızımın bir arkadaşı zaten sizin danışanınız, yakında biz de geliyoruz seansa, sevgiler...

Sevda Sibel Taşova

OBEZİTE BATAĞINDAN AŞK KADININA...

Tuğçe Hanım;

İlk eşimden ayrıldığım zaman daha 28 yaşındaydım. Antisosyal ve aşırı kıskançtı. Bir süre sonra ilişkimizi aşkın değil onun egosunun yönettiğini fark ettim. Evliliğim 3 yıl sürdü, 3 yılın sonunda ben tam 50 kilo alarak 130 kiloya ulaşmıştım...

Mutsuz ve umutsuzdum, artık yanımda aşık olduğum adam yoktu. Emirler yağdıran, beni eve kapatan, kendini düşünen hatta ben kilo aldıkça içten içe sevinen biri vardı. Bazı geceler eve gelmemeye başladı. Biz evlenmeden önce yaşadığı alkol sorunu da yeniden alevlenmişti. Bir çıkmazın içine doğru sürükleniyordum.

Benden boşanmayı da kabul etmiyordu, ben onun için iyi bir kurbandım. Ailem de yeteri kadar yanımda değildi, destekçim değildi. Bir gün eve temizlik işlerimizi yapan abla geldi. Onun düzenli izlediği sabah erken saatte başlayan bir TV programı vardı. O an TV'de sizi gördük izledik. Abla bana sizi tanıdığını, hangi programa çıksanız kaçırmadığını, sizi sevdiğini anlattı. O anda Melekleri anlattınız ve son kitabınızı. Sizin Melek sayınız 28'miş, o anda saat 08.28 olmuştu. Abla ile bu konuya da ayrıca şaşırdık o an. O olaydan sonra sizi ben de takibe aldım sosyal medyada...Melekler, tılsımlar, astroloji, aşk ritüelleri benim de çıkışım olabilir mi diye düşündüm.

Kitabınızdaki "melekler ve kilo" bölümü benim haliyle çok ilgimi çekti. Geceleri Melek ışıkları ile çalışmaya başladıktan sonra iştahımın bir süre sonra azaldığını görüm. Gece uyumadan önceki son 20dk, alfa boyutu çalışmalarımı da sizin kendi TV programınızdan ve Twitter'daki paylaşımlarınızdan bulup çalıştım. İlk ay 12 kilo verdim. Bu süreç devam ederken, gücüm ve özgüvenim yerine geldi. Kocamdan boşandım. Yeni bir sayfa açmak için, daha küçük ve tatlı bir eve taşındım. Bence o eve taşınırken Melekler bana yardım etti, hem deniz manzaralı hem de ekonomik. Evde 3 farklı melek köşem var, 2 tane de Melekli tablom. Bu eve taşındıktan sonra Ali diye biriyle tanıştım. Beni bu evle buluşturan emlakçının kuzeni kendisi. Yeni bir hayata yeni bir de aşka başladım.

Size bu yazıyı 82 kiloluk yeni halimle yazıyorum. Çok zayıf değilim ama balıketi ve hoş bir kadın olup çıktım. Saçımı da sizin bana Facebook'tan attığınız mesajdaki numaraya boyattım: 12.1

Şimdi öğrendiğim spiritüel çalışmaları Ali üzerinde uyguluyorum, ona da öğretiyorum. Yaşamda yalnız kalan, hayata tutunmak isteyen, çaresiz hisseden herkes sizinle tanışmalı. Altından bir kalbiniz var ve ışık saçıyorsunuz. Teşekkürler kanatsız MELEK!

Beril Doğramacı

GAY olduğum için hayat bana dar geliyordu…

Selam…

İnsanları gay veya başka bir şey olarak ayırmak bana göre dünyanın en saçma şeyi ama şunu söylemek isterim ki sizi ve kitaplarınızı biz gay'ler okuyor, takip ediyor, sizin öğretilerinizi her zaman aramızda paylaşıyoruz. Sizi çok sevmemizin bir diğer sebebi, samimi, direkt ve hesapsız oluşunuz. Türkiye'de zannettiğinizden çok daha büyük bir gay kitleniz var, biz bazen diğerlerinden daha derin, duygulu, farklı ve tutkulu düşünen ve hisseden bir yapıda olabiliyoruz.

Benim öyküm İzmit'te başladı, kendi gerçeğim ile 13 yaşında yüzleştim. Babam subay olduğu için hem ailem, yakın çevrem, akrabalarım hem de oradaki toplum tarafından dışlandım. Yaşamım çok zordu. Genç yaşta modellik yapmak, soluk almak, değişim için İstanbul'a geldim, bir yandan eğitimime de devam ettim. İstanbul'da bir gay'in yaşayabileceği tüm zorlukları fazlasıyla yaşadım, İzmit'ten farksiz değildi çoğu konu… Param yoktu, kimseyi tanımıyordum, yardım edenim yoktu, ajansların çoğu yalancıydı, söz verenler de zamanla ortadan kayboluyordu…

Evimin diğer odalarını başka arkadaşlar ile paylaşıyordum, buna zamanla mecbur kalmıştım. Arkadaşlardan biri bir gün eve sizin MELEKLER ve DÜNYANIN KURTULUŞU kitabınız ile geldi. Zor bir gecemdi, kitabı aldım, kitaba tutunmak, orada yazanlara inanmak, kaptırmak istedim. 88. Sayfada uyuyakaldım; o gece rüyamda boynuzlu bir at bana doğru gelip bana ışık saçtı, sonra onunla birlikte meleklerin olduğu bir yere gittik, orada bir sandık buldum… Sandığın içinde bir bebek resmi ve iliştirilmiş notta "güçlü ol" yazıyordu.

O geceden sonra, yaşama sıkı sıkı sarılmaya karar verdim. Kitaptaki enerji çalışmalarını uyguladım, Twitter'da paylaştığınız ritüelleri yaptım, evimdeki eskiye dair ne varsa attım, babama uzun bir af dileme ve sevgi mektubu yazım. 17 gün sonra, büyük bir ajanstan teklif geldi. Şimdi onlarla birlikte güzel çalışmalar yapıyoruz. Kazancımı fakirler ve ailem ile paylaşıyorum. Mutluyum ve herşeye daha olumlu bakabiliyorum. Ben şu an platonik bir aşk yaşıyorum, onu çok seviyorum, sizden öğrendiğim aşk enerjisi gönderme tekniğini ona hep uyguluyorum. Daha önemlisi kitaplarınız sayesinde bir kez daha biliyorum ki HAYATTA EN BÜYÜK AŞK ALLAH AŞKI. Teşekkürler...

Halil Sürrenli

YÜKSELEN AŞK ENERJİSİ...

Melek Tuğçe'ye...

Tanıştığımızda 21 yaşındaydım ve başımdan geçen birkaç başarısız flört girişimimin dışında hiç bir ilişki deneyimim yoktu. Aşkta her zaman kendi istediğinin peşinden gitmek niyetinde olan bir insandım. Aşksız ilişki fikri bana göre değildi ama aşık olduğum zaman da ne yapacağımı, nasıl bir yol izleyeceğimi kestiremiyordum. Son yaşadığım başarısızlığın ardından umutsuz bir romantik olduğum fikrine kapılmıştım ve artık bir şeyleri değiştirmem gerekiyordu.

Birine yeni aşık olmuştum ve bu kez bir şeyleri mahvetmemek adına bir çıkış arıyordum. Tam da o dönemde tanıştım sizinle. Tanıştığımız gün hiç olmadığı kadar olumlu düşüncelerle dolmuştum ve bir pessimist olduğum göz önünde bulundurulursa bu inanılmazdı- hiç unutmuyorum; o enerji ve mutlulukla ilk kez Levent'ten Beşiktaş'a kadar yürüdüm çünkü içim içime sığmıyordu.

Ardından gelen Melek seanslarından sonra daha olumlu huzurlu pozitif bir bireye dönüşmeye başladım ve bu durum beni bile şaşırttı. Spiritüel anlamda farkındalığımın artması bana aşk konusunda da rehberlik etti. İstediğim şeye ulaşmak için çaba gösterirken tüm yaşadıklarım tekâmülüme katkıda bulundu ve beni daha ileriye taşıdı. Meleklerin rehberliği, sezgilerim, hislerim, sizinle yaptığımız enerji çalışmaları ve sizin yol göstericiliğiniz bana çok şey kattı.

Benim hayatıma dokunan en gerçek Melek sizsiniz, iyi ki varsınız. Sevgiler.

Gamze Keçeli

MELEKLER AŞKIMIZA ŞAHİTTİ...

Merhaba Tuğçe Hn;

Sizinle çalışmaya başladığımızda aşk acısı yaşıyordum.

Bitmiş bir ilişkim ve benim bir türlü hayata bu yüzden bağlanamama sorunum vardı.

Ayrı olduğumuz dönemde bir gün çok ciddi bir trafik kazası atlattım.

Aracım kullanılamaz haldeydi. Hatta gelen polis ekipleri kazayı benim yaptığımı bilmeden bu araçtan sağ çıkan olmuş mu? diye birbirlerine soruyorlardı.

Oysaki bende en küçük bir çizik bile olmamıştı. Karşı tarafta ki araçta ise küçük bir çocuğun sadece yüzünde birkaç sıyrık vardı.

Kardeşime kazayı haber vermek istedim, yanlışlıkla eski sevgilimi aramışım.

Günlerden sonra ilk kez bu sebeple konuşmaya başlamıştık.

Kaza yerine geldi ve benimle günlerce ilgilendi.

Karakola gittiğimizde tutanaklar düzenlenirken yaşadığım olay tarif edilemezdi.

Bana çarpan aracın sürücüsünün adı MİKAİL idi...

Yanında hafif yaralanan çocuğun babasının adı ise CEBRAİL ...

Bu bir mesaj olmalıydı!.. Hiç kimseye bir şey olmadan atlatılan bir kaza ve meleklerim...

Bu kaza nedeniyle mucizevi bir şekilde, ikimiz biraraya geldik, bana sahip çıktı ve eskiden bile söylemediği güzel sözleri paylaşmaya başladı...

Ama biliyorum ki meleklerim bana olması gerektiği zamanda en güzel şekilde herşeyi getirecekler.

Ben Yaradan'a, meleklerime ve yeryüzünde yaşayan Melek Tuğçe'ye sonsuz güveniyorum.

Sevgiyle kalın... *YELDA*

EYÜP SULTAN'DA MUCİZE

CAN SİMİDİM Tuğçem'e…

Hayatım boyunca erkekler için gereksiz fedakarlık yapan, kendini hiç düşünmeyen, aldatılan, hiç gelmeyen erkekleri bekleyen bir kadın oldum… Son sevgilim de yakın bir arkadaşım ile çekip gidince eve kapanmıştım, artık 92 kiloydum ve sadece TV izliyordum. İşimi de kaybetmiştim. Yaşamak benim için anlamını yitirmişti diyebilirim…

Bir gün faturalarımı ödemek için evden çıktığımda caddenin ortasında haykırarak ağlamaya başladım. Herkes bana bakıyordu ama umurumda değildi… Sonra yağmur yağmaya başladı ve gözyaşlarım ile yağmur damlaları birbirine karıştı. Sağanak yağmurdan kurtulmak için ilk gördüğüm kitapevine sığındım. Kitapevinin içine girdiğimde içimdeki dürtü beni spiritüel kitapların olduğu rafa götürdü.

Bu bölüm kitapevinde üst kattaydı ve görevliler ortalıkta yoktu. Bir anda cep telefonuma bir mesaj geldi; bu toplu gönderilen Kandil mesajlarındandı… O günün Kandil olduğunu unutacak kadar hayatı boşlamıştım. Kendime acıyordum kendimden utanıyordum… Kandil mesajı "melekler artık seninle olsun" cümlesi ile bitiyordu. Bu mesajı okuduktan sonra tam o anda, bir ışık çakması oldu; beyaz bir ışık üzerime düştü… Hemen ardından raftaki MELEKLER VE DÜNYANIN KURTULUŞU isimli kitabı gördüm ve bunu bir işaret olarak algıladım. Kitabı aldım, yazarı Tuğçe Işınsu idi… Sizi tanımıyordum.

Kitapla eve geldim. Tüm ışıkları kapattım, bir mum ışığı eşliğinde kitabı okumaya başladım… 3 günde kitabı bitirdim. Kitap bitince internetten youtube üzerinden Tuğçe Işınsu videoları izledim, facebook ve twitter hesaplarım yoktu, sadece sizi takip edebilmek için, meleklere yakın olabilmek için hesap açtım. Evime bir melek köşesi yaptım, sizden öğrendiğim gibi geçmiş aşklarımla aramdaki yanlış bağları kestim, kitabınızdaki aşkla ilgili bölümü tekrar tekrar okudum ve gerekli çalışmaları gecelerce yaptım. Bu arada bu kitap ve çalışmalar, enerjiler beni kısmen hayata döndürmüştü. 5 kilo vermiştim ama hala yalnızdım hem de çok…

Meleklerle irtibatımın arttığını net görebiliyordum günler geçtikçe; tüyler, tekrar eden melek sayım 99, bebeklerden gelen mesajlar veya TV'de bir anda mesaj içerdiğini gördüğüm bir dizi sahnesi... Tüm bunların sonunda önemli birşeyler olacağını artık içten içe hissetmeye başlamıştım. Bir gece rüyamda sizi gördüm aslında tüm gün sizi düşündüğüm ve kitabınızla haşır neşir olduğum için ilk zamanlar bu rüyayı bilinçaltı rüyası olarak yordum. Rüyamda bana Eyüp Sultan'a git dediniz... Birkaç gün sonra niyet ettim ve "gitmem lazım" diye geçirdim içimden, Cuma sabahı oradaydım. Cami'ye geldiğimde tuhaf bir heyecan vardı içimde, küt küt kalbim çarpıyordu. Duamın ardından, avludaki ağacın dibinde tam dilek tutacaktım ki yanıma bir adam geldi. Dertli bir görüntüsü vardı. Dua etti iç geçirdi. Biraz durdu oralarda... Tuhaf bir yakınlık ve çekim hissettim adama. Sonra ikimizde çıktık ayrı ayrı camiden. Camiden sonra yürüyordum ki bir anda aynı adam otoparktan aniden çıktı ve tam önüme geldi caddede. Bakıştık ve kısaca selam verdim. Camdan başını çıkardı "sizi gideceğiniz yere götürmek istiyorum" dedi... Ona güveniyordum, arabaya bindim. Yolda yıllar önce eşini kaybettiğini, ardından iflaslar yaşadığını, geçen hafta da kızkardeşinin ölümü ile yaşamda son darbeyi de aldığını bana anlattı. Tam o bunları anlatırken radyoda çalan şarkı dikkatimi çekti: Alişan- Melekler İmza Topluyor!

O günden sonra sık sık görüştük... Önce arkadaş olduk, sonra aşık... Birlikte iş kurduk, sırt sırta verdik yaşama tutunduk. Ruh ikizimin O olduğunu çok iyi biliyorum artık, geri kalan hayatımı onunla geçireceğim. Bir de köpek aldık adı Melek... Sizi çok seviyorum Tuğçe Hanım, o gece siz bana rüyamda çıkış yolumu gösterdiniz. Allah'a hamd olsun, Allah sizden razı olsun.

Saime Yıldız

AŞK TILSIMININ SIRRI

Selamlar Tuğçe Hanım,

Bundan aylar önce aşk tılsımı çalışması için size gelmiştim. Çok inandığım için değil çaresiz olduğum için kapınızı çalmıştım. Verdiğiniz tüm çalışmaları yapmıştım ama herşey daha da kötü olmuştu önce zar zor ittirdiğimiz işimiz bozulmuştu ve kapanma noktasına gelmişti, ardından da o zamanlar kurtarmaya çalıştığım ilişkim beter olmuştu, hatta aldatıldığımı düşünüyordum.

Hayatımda sanki bitişler artmıştı. Çalışmanın bende hiçbir sonuç vermediğini çok net gördüğüm bir anda gece gece sizi aramıştım. Bana telefonda "herşey gayet güzel, arınıyorsun, gitmesi gerekenler gidiyor, rahat ol ve BEKLE" dediniz. Ben ise "bu kadın delirdi herhalde" dedim içimden ve size çok kızmıştım. Sizinle oluşturduğumuz 21 günlük çalışma planını da alıp attım evin açtı katına...

Artık çaba bile göstermiyordum hiçbirşey için… Sevgilim aramaz olmuştu, başkası ile görüştüğü dedikodusu dilden dile dolanıyordu. İşler durmuştu. Gelişme olmuyordu, sona yaklaşmıştık. Bir gün TV'de sizi canlı yayında izledim yine yayında "Bizde yaşam dersi dolmuş konular gidiyorsa yaşamlarımızdan, artık yenilere ve olması gerekenlere yer açılmış demektir" dediniz. O an, bende de durum bu mu acaba dedim içimden…

Birkaç gün sonra eski bir lise arkadaşım ile yolda karşılaştım yıllar sonra… Yeni bir organizasyon şirketi kurmuştu ve ortak arıyordu kendine, bana ortaklık teklif etti. Param olmadığımı söyledim, parayı kendi işe koyacağını, benden müşteri bulmamı ve tanıtımı yapmamı beklediğini anlattı. Bu zaten uzmanı olduğum bir alandı kabul ettim. Burada çalışmaya başladıktan sonra enerjim değişti, daha huzurlu ve beklentide olduğumu keşfettim. 8 ay sonra özel bir gece düzenliyordum, benim için büyük bir iş olacaktı bu... Ünlü ve çok tanınmış kişilerden oluşan davetli listemiz vardı. O geceki davetin bir bölümünü de istek üzerine ben sunacaktım, çok güzel olmak için saatlerce hazırlanmıştım. Bir yandan evde bize yardımcı olan Asiye Ablam evi toparlıyordu, ben ayna karşısındaydım...

Asiye Ablam "çatı katında bunları buldum atılacakları atıyorum, bunları da atayım mı" dedi; çatı katından aşk tılsımı çalışmamızı getirmişti... O an gözlerim doldu ve şimşekler çaktı! Hayatımdan gitmesi gerekenler gitmişti, yeniler gelebilsin diye, hiçbirşey bitmemişti ve asıl yeni başlıyordu. Tılsımların bir parçasını yanıma aldım ve evden çıktım. O gece bir şey olacaktı.

Geceyi sunarken bir açılış müziği seçmemi istediler benden... Listeye baktım ve sıradan bir parça olmaması gerektiğini düşündüm. 21 uğurlu sayım olduğu için o olsun dedim ve şarkıyı görünce şok oldum: BURCU GÜNEŞ- TILSIM... Bu bir işaretti. O gece orada sahnede başarılı, parlayan, özgüvenli bir kadındım... Sahneden indiğimde ise aşk tılsımımın bana getirdiği şansı yaşadım; bana o gece daha büyük bir iş teklif eden işadamı sonraları kocam da oldu. İlk aylarda tılsımın etkisini anlamamıştım, detoks olmak nedir bilmiyordum, size sonsuz teşekkür ederim Tuğçe Hanım. Yaşamım değişti ve çok mutluyum.

Eda Sözüer

ALDATILMAK ALDATMAK

Tuğçe Hanım;

Size geldiğim ilk seansta ağlamaktan gözlerim şişmiş haldeydi... Çok mutsuz ve umutsuzdum. Eşimin uzun zamandır başka bir bayan ile ilişkisi vardı. Bu konuyu yaşamıma neden çektiğimi bilmiyordum. Tek istediğim eşimi geri kazanmaktı. İki çocuğum vardı ve hayattaki en büyük değerim bana göre herşeye rağmen ailem ve eşimdi.

Yaptığınız çalışmalardan en çok geçmiş yaşam şifası ilgimi çekiyordu... Hiç inanmayarak geldim başta, çaresiz olduğum için, sizin twitter yazılarınızda "sorunların geçmiş kaynaklı" olduğunu öğrendiğim için denemeye karar verdim. İlk üç seansta sizinle yol alamadık değişim gerçekleşmiyordu. Son seansa geldiğimde gözlerimin içine bakıp "bir sırrın var ve bununla yüzleşmezsen sorununu aşamayız" dediğinizi şu an gibi hatırlarım. O an ağlamaya başladım ve siz de aslında herşeyi bilir gibi yüzüme baktınız utanmıştım... Makyajım tamamen akmıştı ve regresyon için zaman gelmişti. O gün sonunda size yıllar önce kuzeni ile eşimi aldattığımı itiraf edebilmiştim. Regresyon anılarımda da zaten Ortaçağ'da yaşayan, erkeklere değer vermeyen ve aldatan bir kadın savaşçı olduğumu görmüştüm. O an beni "karma borcu" yani spiritüel bedel ödeme durumumla tanıştırdınız. O çalışmamız epey uzun sürdü; o gün neyi neden çektiğimi, kendimi affetmem gerektiğini, aldatılmayı hakettiğime inandığımı kavradım. Değişmeye karar verdim.

O günün üzerinden 3 ay geçtikten sonra eşim metresinden ayrıldı, kadın ilk günler bizi rahatsız etti ama sonra vazgeçti. Eşimle ilk zamanlar dost gibiydik sonra eski cinsel yaşamımızı da yakaladık. Bugün çocuklarımla eşimle mutluyum.

Büyük hatalar yaptım biliyorum ama herşeye sünger çektim. Gerekli yaşam derslerimi aldım, sayenizde. Size ve Meleklere minnettarım.

Selda San

KISMETİM AÇILDI...

Tuğçeciğim;

Seninle zamanında aynı üniversitede okuduk, o zamanlar da çok iyi Tarot bakar ve yorumlardın. Hatta bir İngiliz Edebiyatı dersimizde William Blake'i tanıyorduk ve kendisi de Melekler ve Tarot ile ilgili bir ustaydı. O konuda da seninle sohbetimiz olmuştu. Seni o zamanlar çok sever ve sırdaş görürdüm, güvenirdim. Senin ne kadar çok peşinde erkek varsa ben de o kadar yalnız ve ilişkilerden korkan birisiydim...

Bana o zamanlar bu kapalılığımın hep enerjilerle ilgili olduğunu söylerdin de inanmazdım. Yıllar sonra seni medya'da takip eder oldum. Hem kendi sunduğun hem de konuk olduğun yayınlarda kısmet, aşk, ritüel tariflerini hep dinledim. Evde bunları uygulamaya karar verdim. Ayrıca iki tane de kitabını aldım.

Ben hangi erkekle tanışsa o erkeği elinden kaçıran, ilişkilerde başarısız, kendine az gelen erkeklere prim veren, korkak ve aşkı uzaklarda gören birisi olarak yaşamıştım 35 yaşıma kadar... Senin önerilerin ilk kez yaparken bana komik ve tuhaf gelmişti itiraf etmem gerekirse... Melekler ve Dünyanın Kurtuluşu kitabındaki aşk bölümünü tekrar tekrar okudum, 21 gün evde çalıştıktan sonra ara sıra kendini gösterip ortadan kaybolan iki erkek arkadaş adayım da tamamen ortadan kayboldu. Bir nevi arınmıştım sanırım. Ardından enerjim yükseldi, her gece uyumadan önce alfa boyutu dediğin anda "ban aşkı seçiyorum, seviyorum, kabul ediyorum" olumlamanı kullandım. Bu arada Dolunay çalışmalarımı da ihmal etmedim.

Aylar sonra Mehmet ile tanıştım, güvenilir, samimi ve anlayışlı biri... İlk günler "bu da gider mi" diye düşündüm. Sonra onun ruh eşim olduğunu çok net gördüm. Beni annesi ile tanıştırdığı gün annesinin evindeki "melek köşesini" gördüm. Nermin Hanım bana "bu köşeyi telefondan seans aldığım Tuğçe Hanım'dan öğrendim!" dediği anda havalara uçtum, bu benim için büyük bir işaretti.

Yakında Nermin Annem, Mehmet ve ben seni ziyarete geleceğiz. Sen yaşamımda rehberim oldun ve beni gerçek aşk ile tanıştırdın. Allah senden de çalışmalarından da razı olsun!

Nilay Özbek

KOCAM SİZE EMANET!

Çok değerli Tuğçe Hanımcım;

Ben herhalde sizin çalışmalarınız içinde bir istisnayım diye düşünüyorum. Eşi tarafından aldatılan, yıllarca ismi değişen ama aynı basitlikte kadınlara katlanan bir danışanınız olarak, sizden sabrı, azmi, sevgiyi ve mucizeleri öğrendim.

20 yıldır devam eden evliliğimde kocam çok iyi birisi olmakla birlikte beni sürekli aldatıyordu. Beni sevdiğini hep bildim ama çözememiştim konuyu bir türlü; bunlar neden tekrar tekrar oluyordu... Eşimle birçok evlilik danışmanı ve terapiste gitmiştik zamanında. Hep çalışmaları kendisi yarıda bırakıyordu. Eşim bir gece bir TV programında sizin aşk ile ilgili açıklamalarınızı dinledi ve tasavvuf yanınızdan dolayı size

çok yakın hissetti kendini, bana "bu kadını bul" dedi. Ertesi gün sizinle telefonda görüştük.

Kocam sizin dingin ve huzurlu yanınızdan çok etkilendi, ilk kez bir çalışmaya diyebilirim ki kendini adadı, herşeyi harfi harfine uyguladı. Regresyon çalışmasında geçmişten gelen "aşkta kaybetme ve değersizlik korkusu" ile yüzleşti. Ardından kendisi için hazırladığınız çalışma planını uyguladı. Bir süre yazlık evimizde tek başına kaldı. Orada hayatı sorguladı ve kendini toparladı. Eve döndüğünde tamamen değişmişti. Kilo vermişti, çok mutluydu, evdeki eski eşyaları ihtiyaç sahiplerine gönderdi, mahallede küs olduğu kim varsa gidip barıştı.

Ardından sıra bana geldi, ilk günler çok konuşmuyor ama eve hep çiçek ve hediyelerle geliyordu. Sonra başa aşk mektupları yazmaya başladı. Bir gece hatta birlikte Yeniay ritüelinizi yaptık twitter'dan okuyup, özellikle kendi istedi. Yıllarca kendinden, aşkı sevmekten, ona değer veren benden nasıl kaçtığını, bunu neden yaptığını, keşfettiklerini uzun uzun bana sabaha kadar anlattı. Şimdi şükür ki çok huzurluyuz artık aramıza kimse giremez.

Ben sabrımın, size olan inancımın, sezgilerimin gücü ile kendi sorunumu aştım. Darısı diğer danışanlarınıza diyorum, sizi çok seviyorum. O an'ı da unutamam, size telefon açtığım ilk gün "kocam size emanet Tuğçe Hanım" demiştim. Siz de çok gülmüştünüz.

Hep gülün, mutlu olun. Sizi çok seven;

Nilüfer Koyuncuoğlu

AMERİKA'DAN TÜRKİYE'YE SEVGİ BAĞI...

Melek Hanım'a

Sizi ilk olarak Youtube'taki programlarınızdan takip etmeye başladım. Sonra sosyal medya, sonra Amerika'da yaşamama rağmen saat farkını bile göze alıp uydudan canlı canlı izlemeye başladım. Zamanında iş, eşi, yuvası, parası, kariyeri olan mutlu bir kadınken eşimin bir anda beni terk etmesi ile birlikte tüm yaşamım kararmıştı...

5 yaşındaki küçük kızım ile ortada kalmıştım, beş parasızdım. Konu ile ilgili ailem de beni suçlamıştı "kocanı elinde tutsaydın" demişlerdi... En çok da buna kırılmıştım, artık kapıların tümü bana kapanmıştı, başka bir ülkede yapayalnız ve çaresizdim. Sonra ses telepatisi ile telefonda da çalıştığınızı duyunca hemen size ulaştım. İlk görüşmemizde "enerji alanındaki negatif enerjilerden" bana bahsetmiştiniz. İlk başlarda bana fazla metafizik ve inanılması zor gelmişti konu... Dediğiniz değişimleri yaptıktan sonra enerjim yükselip isteğim artınca size güvenmeye başladım, çalışmalarımız gelişti.

Ben Amerika'da yaşadığım için ve burada Melekler konusu çok popüler olduğu için zaten konuyu az çok biliyordum. Ben daha çok Kur'an ve İslami içeriği de olduğu için sizin melekler ve Dünyanın Kurtuluşu kitabınızı buradakilerden daha çok beğenmiştim. Hep başucumdaydı. Sizinle yaptığım melek çalışmaları sonrası melek köşem, melek günlüğüm, melek sayım olmuştu. Ardından yaşam amacımı bulmuştum, sezgilerim artmıştı ve rehber rüyalarım bana daha çok mesaj verir olmuştu.

Önce bu mistik deneyimlerle kendimi iyi hissetmeye başlamıştım, sonra da başka bir şehirden iş teklifi aldım. Buna en çok siz sevinmiştiniz çünkü taşınacaktım... Mevcut evimde benden önce iflas edip eşinden ayrılan bir hanım oturduğu için ve kendisi ardından üzüntüsünden kanser olduğu için, buradaki evin enerjisinin beni hapsettiğini taşınmam gerektiğini zaten siz hep bana söylüyordunuz. Sonunda gidiyorduk işte...

Yeni işim ve yeni ev bana ve küçük kızıma iyi gelmişti. Aynı işyerinde birlikte çalıştığımız Tom hem bana hem kızıma çok ilgiliydi, zamanla evimize de misafir olarak gelip gitmeye başladı. Tom'u ilk tanıdığım gün üzerinde Los Angeles yazan (melekler şehri) bir t-shirt'ü vardı, yazının altında da güzel bir kanat resmi... Bu küçük işaret sonraları başka işaretleri de izledi... Bir gün Tom bizi akşam eve çağırdı yemeğe ve ardından film izlemeye... Filmi tahmin edin! Meg Ryan'ın oynadığı melekleri ve aşkı anlatan City of Angels!!! O an artık benim için tüm mesajlar tamamdı. Film devam ederken bir an için koltukta gözlerim kapandı ve kişisel koruyucu meleğim ile irtibata geçtim, bana mesajı "he is the one" oldu... Yani Tom aradığım kişi idi...

Bugün Tom artık eşim olmaya hazırlanıyor, kızımı da çok seviyor. O çok iyi biri ve biliyorum ki onu bana Melekler getirdi. Yakında biz üçümüz sizin yanınıza İstanbul'a geleceğiz, Melekleri sizden öğrendik ve yaşamımız değişti. Ayrıca siz de bir Meleksiniz...

Tuğba Sezgin

İNANARAK YAPILAN ÇALIŞMADAKİ BAŞARI

Tuğçe Hanım;

Para tılsımlarınızı ilk defa duyduğumda pek inanmadım ama eşim çalışmadığı için ve artık her kapıyı çalıp sonuç da alamadığımız için denemeye karar verdik. Yaşadığımız maddi sorunlar eşimi benden uzaklaştırmıştı, parası olmadığı için evliliğimiz de bozulmuştu. Hep konu maddiyattı evde, alacaklılar kapıya dayanıyordu, eşim hırsını benden çıkarıyordu, bebeğimize mama bile almakta zorlanıyorduk.

Sizi ilk aradığımda tılsımı almadan önce tereddüt ettim, bana çok anlayışlı yaklaştınız. Birçok kişinin başta çekimser yaklaşıp sonra nasıl mucizeler yaşadığını anlattınız, size ısınmıştım. Zaten başka seçeneğim de yoktu aslına bakarsanız. Daha sizinle konuşmaya başladığım günün gecesi evde değişik bir hava esmeye başladı. Eşim beni kırdığı için pişman olduğunu, aslında böyle olsun istemediğini söyledi. Ben de ona para sorununu yakında aşacağımızı söyledim. O gece birbirimize sarılıp uyuduk eski günlerdeki gibi...

Enerji çalışmaları, ritüeller, çalışma pakedimdeki uygulamaları her gün aksatmadan yapmaya başladım. Onuncu gün birkaç yerden alacağımız paralar geldi, onyedinci gün eşim işe girdi ve hatta bana bile yarı zamanlı bir iş önerisi geldi üst kat komşumdan. Tüm bunlar olurken ben paranın derdinde değildim tabi, ana konum kocamın özgüveninin geri gelmesi, evimizdeki bereketin artması ile ve evliliğimin üzerindeki kara bulutların da dağılması, yuvamın kurtulması idi... Artık maddiyatımız kurtulduğu için kocam bana aşk anlamında da vakit ayırıyordu. Mutluyduk.

Kandil gecesi dua ederken size de enerji gönderdik, herkese koşmaya, herkese yardımcı olmaya çalışıyorsunuz. Çok büyük bir kalbiniz var, Allah ne muradınız varsa versin.

Esma Yolaçan

Kıbrıs'ın Melekleri

Çok Sevgili Tuğçe Hanım;

Kıbrıs Girne'de bir gün kitapçıda dolaşıyordum. Hava çok soğuktu ve ben de ayrılık acısı yaşadığım için üzgün bir dönemimdeydim. Aşk ile ilgili rehber olabilecek bir kitap almak niyetindeydim. Sizin Aşk ve Cazibe Akademisi kitabınızı almış ve okumuştum daha önceleri... O gün mağazada dolaşırken imkansız bir şekilde önüme her yer kapalıyken bir kuş tüyü düştü. Bu tüy olayını bir işaret olarak kabul ettim ve Melekli kitapların olduğu rafa yöneldim.

Melekler ve Dünyanın Kurtuluşu kitabınızı orada keşfettim. Sizi diğer kitabınızla da tanıdığım için hemen kitabı aldım. Melek sayım 33 olduğu için, hemen 33. Sayfayı açtım. Parmağımı sizin bizlere söylediğiniz gibi o sayfada gezdirdim ve iç sesim "dur" dediği anda bir cümlenin üzerinde durdum. O cümle şuydu: "mutlu melek olumlamaları"...

Hemen bir olumlama yaptım ve nefes aldım. İçime bir umut düştü, belki de barışırım aşkımla neden bu kadar umutsuzum dedim içimden... Kitabı alıp eve geldim. O gece rüyamda sizi gördüm bana rüyamda beyaz elbiseler içinde geldiniz ve "biraz bekle, inan ve balkon..." dediniz. O an bu rüyanın mesajcı olduğunu tabi ki anladım ama mesajın bana aktarmak istediklerini tam idrak edemedim.

Hatta bu rüyanın üzerine Facebook üzerinden size mesaj attım siz de bana barışacağımı ima ettiniz. Çok mutlu olmuştum... Haftalar geçti... Tabi ki kitaptaki çalışmaları yapmıştım; meditasyonlar, olumlama teknikleri, ritüeller, doğa çalışmaları...

Bu arada eski aşkımdan sadece işi hakkında bilgi ve haber geliyordu. Benle ilgili artık ne düşünüyordu bunu bilemiyordum. Bu arada onu uzaktan karşıdan karşıya geçerken birkaç kere görmüştüm, o beni görmemişti. Bu ayrılık bana onu gerçekte ne kadar çok sevdiğimi bir kez daha anlatmıştı, beni bırakıp giden oydu ama onun da beni içten içe çok sevdiğine inanıyordum. Yıllardır süren aşkımızın bir kavga ile pat diye bitemeyeceğini düşünüyordum... Bir gün arabada giderken içimden şarkı tutmak geldi... Radyo nedense çalışmadı, araba arkadaşımındı... Elimi attım bir CD seçtim, CD'nin üzerinde bir şey yazmıyordu. Taktım dinlemek için; ilk şarkı "How could an Angel break my Heart"tı... BU çok eski ama benim çok da sevdiğim bir şarkıdır. Melekleri, aşk acısını anlatır. Meleklerim benimleydi ve güzel şeyler olacaktı, hissettim o anda...

Ertesi hafta bana bir davetiye geldi... Güzel bir otelde bir tanıtım olacaktı, Girne'nin birçok ünlü ismi orada olacaktı. Ben de o işle dolaylı şekilde ilgili biri olduğum için davet almıştım. Kendime beyaz ve iddialı bir elbise aldım. Meleklerle ilgili sürekli okuduğum ve çalıştığım için o ara en favori rengim beyaz idi... Gece oraya giderken yolda tam 3 tüy buldum. Adım adım sanki bir mucizeye yaklaşıyordum. Gece başladı, çok güzel organize edilmiş, şatafatlı, renkli bir ortam vardı. Benim gibi beyaz giyen pek yoktu, bu da işime gelmişti. Hafif makyajım, enerjim, sadeliğimle farkediliyordum diyebilirim. Güzel bir konuşmanın ardından, yemekler yendi ve dans başladı. Tek başıma "gece bu mu yani, hepsi bu mu" dedim içimden... O anda bir garson yanıma geldi ve "sizi balkonda biri bekliyor" iletmemi istedi dedi. Acaba kim dedim ve gittim...

Balkon mesajının rüyamda neden beni bulduğu o an açığa kavuştu: Aşkım beni balkonda bekliyordu! Gözlerim doldu, içimden sizi andım, 4 Başmeleğin adını içimden geçirdim ve ona doğru yürüdüm. Elim ayağım titriyordu. Hiç konuşmadı sadece cebinden beyaz bir kutu çıkardı, açtı ve bir tektaş ile karşı karşıya kaldım... Sarıldık ve bir alkış koptu salondan doğru... O anda bu gecenin içinde bu işin de birazcık planlanmış olduğunu anladım ve çok sevindim! Yüzüğü taktığım an başımı göğe kaldırdım, beyaz bir bulut bana Meleklerin kanadını çağrıştırdı. İçin mutlulukla doldu.

Sizin bana rüyamda verdiğiniz mesaj "balkon" işte böyle karşıma çıktı sonradan... Bu olay benim yaşamımda bir dönüm noktası diyebilirim. Sizi, kitaplarınızı, TV programlarınızı takipte kalacağım ve size yazmaya da devam edeceğim. Yeryüzü Meleklerini anlatmıştınız kitabınızda, siz de benim için onlardan birisiniz.

Suzan Sayıç

Türkiye'nin EN ÜNLÜ PSİKİYATRİSTİ bizi bir araya getirdi...

Tuğçe Hanım;

Size gelmeden ve sizinle yaptığımız seanslar olmadan önce, ben sert, kibirli, hayatı kariyerden ibaret gören, Mühendislik eğitimi almış ve herşeye akıl-mantık gözlüğünden bakan biriydim. Sizinle yaptığımız çalışmalar sonrası, yaşamlarımızdaki herşeyin sadece enerji ve inançlardan kaynaklandığını gördüm. Tüm yaşamım değişti, umutlarım yeniden yeşerdi...

Sizinle o beni kapısından gönderen psikiyatrist olmasa tanışamayacaktık belki de... Benimle aynı işyerinde çalışmaya başlayan benden 20 yaş küçük Emre'ye ilk görüşte aşık olmuştum. O da benimle ilgili idi ama bu aşk "kaybetme korkum, yaş farkı, ofis gerilimi" nedeniyle bu aşk istediğim gibi gitmiyordu. Tüm kimyam değişmişti.

En sonunda ülkemizde çok ünlü olan, ödüllü, kitapları çok satan bir psikiyatriste gitmeye karar verdim. İlk seansta bana "bu adamdan bir şey olmaz, sen sevgi dolu bir kadınsın, git kendine başkasını bul" demeye getirdi. Kendisine bilim adamı yanından dolayı güvendiğim için, 3 seans daha devam ettim. Her gittiğimde aklım ile onun dediklerini onaylıyordum ama eve gelince kalbime söz geçmiyordu.

Bir gece geç saat evde TV açıktı, ben kitap okuyordum. O an sizi TV'de aşkın enerjisini anlatırken gördüm, TV'nin sesini açtım, o kadar olumlu, yapıcı ve sürükleyici geldiniz ki bana hemen ertesi gün sosyal medyadan size ulaştım, ilk görüşme günümüzü heyecanla bekliyordum.

Sizi ilk gördüğüm anda ağlamıştım, hatta seans boyu da ağladım. O gün eve döndüğümde içimde bir huzur vardı ama... Aşkın hem enerjisini, hem stratejisini hem de yapılması gereken çalışmalarımı tüm gece düşündüm, plan yaptım. Emre ile o imkansız gibi görünen ilişkim sizin sayenizde tam 2 sene sürdü, zaten sonunda benim kendi yaşamım daha bireysel ve derinlikli hale geldiği için ben yolları kendisi ile ayırdım. Emre ile yaşadığım aşk tamamıyla kendimi tanımamı sağladı, başka biri oldum diyebilirim. O psikiyatristi dinlesem ne 2 sene Emre olacaktı ne sizinle yürüdüğüm mistik yol ne de bugünkü değişmiş ve dönüşmüş ben...

O bilim adamı iyi ki benim için verimli olmamış, iyi ki sizinle çalışmam için birkaç seans sonra beni bırakmış, hayatta herşeyin bir sebebi var. İnsanlara ışık olmaya devam edin...

Sevgiler;

Binnur Turgaylı

ÇOK EŞLİ VE MUTSUZDUM, MELEKLERLE TANIŞINCAYA KADAR...

Çok sevdiğim Tuğçe Hanım'a,

Ben 44 yaşında bir takipçiniz ve okuyucunuzum. 24 yaşında ilk eşim tarafından terk edildiğim gün aldığım darbeden sonra kadınlardan kaçan, korkan, nefret eden, ilişkileri hep kafasında zor olarak kod'layan bir bireye dönüştüm.

Herşeyden herkesten, en çok da kendimden intikam alır gibi yaşamaya başlamıştım. Karşımdaki kadınlar iyi niyetli de olsa geçici tipler de olsa ben onları aldatıyordum, çok eşli bir yaşam sürüyordum, gözüm elimde değilmiş gibi hep dışarıdaydı.

Hayatım bazı erkek arkadaşlarıma göre mükemmeldi, bütün kadınlar benimdi, her çiçekten bal alıyordum, eğlence ve zevk diz boyuydu... Ben ise dışarıdan gülen ama iç dünyasında çok mutsuz biri olup çıkmıştım. Kendimden iğrendiğim geceler oluyordu. Gizli gizli ağlıyordum hep... Barlardan, kulüplerden, beni avlamaya çalışan kadınlardan bıkmıştım. Adım da çıkmıştı kendi çevremde, artık kimse bana güvenmezdi biliyordum.

Yine bir ilişkim başlamıştı, diğerleri ile de bağımı kopartmamıştım tabi. Hepsiyle aynı anda görüşmeye devam... Banu iyi bir kızdı bana da aşıktı, ben ise onu beğensem de kendimi ona tam olarak kaptıramıyordum. Bir gün o çok ısrar ettiği için, sizin etkinlik yapacağınız bir avm'ye geldik onunla birlikte. Banu sizinle kısaca görüştü, ben ise ikinizi uzaktan izledim. Kuyruk vardı, "ne saçma işler" diye içimden geçirdim. O avm etkinliğinden bir an hafızamda kaldı hep, bana olan kısa bir bakışınız hem anlar hem merhamet eder hem de davet eder gibiydi... Ben ise sizi ve çalışmalarınızı gayet boş ve gereksiz olarak nitelendiriyordum.

Banu o gece eve geldiğimizde yine youtube'dan sizin videolarınızı izlemeye başladı. Sinirlendim, ona bağırdım, o da evden gitti. Açıkçası o kadar da sert bir tepkiyi hak etmemişti, o gittikten sonra bilgisayarı kapatmak için uzandığım anda nedense o video'yu bir kez izlemek geldi içimden... Ebru Şallı'nın programıydı, değişik bir enerji çalışmasını anlattınız orada. O an, içimden bir dürtü geldi bir kez denemeye karar verdim. Yatağa uzandım ve uyguladım, sonra uyumuşum. Ertesi gün toplantım vardı, kahvaltıyı kuracaktım ki bir anda masada bir kuş tüyü buldum. O bahanem oldu, Banu'ya yaptıklarımı ve kuş tüyünü anlattım. Banu ile o gece iş çıkışı buluştuk, barıştık, beni bir şekilde melekli çalışmalar için ikna etti.

O günden sonra, çok eşlilik içimden gelmeyen bir konu halini aldı yaşamımda. Gereksiz erkek arkadaşları, gece gezmelerini, birçok bayanı yaşamımdan yavaş yavaş eledim. Banu ve onun ailesi ile vakit geçirdim, birçok kez camide dua edip tevbe ettim. Hatta namaza başladım. Onca yıl ben uykudaydım, bence yaşamadım, etki altında gibiydim, Banu olmasa, siz olmasanız, Melekler olmasa ben de olamazdım. Melekleri kitaplarınızdan, geçmiş TV programlarınızdan araştırdım, sizinle telefonda bir kez regresyon da çalıştık. Allah hepinizi vesile etti bence, çok huzurluyum artık. Erkek arkadaşlarım geçen gün berberde karşılaşınca laf attılar "Meleklerden ne haber" diye ve bana güldüler. Bende gülümsedim ve "merak ediyorsanız kendiniz sorun" dedim ve çıktım. Şaşırdılar.

Banu ile artık evlenmeyi düşünüyorum, kızımız olursa iki adı olacak: Tuğçe Melek.

Sevgiler;

Timur Can Öztarakçıgil

7. MELEK TERAPİSİ VE AŞK...

"Canın yanarsa sus,
bir Melek gelip ona fısıldayacak ve
bu senin anlatmak istediğinden fazlası olacak..."

Hayat uzun bir yolculuk, her an daha çok arınmak enerjimizi yükseltmek, anlamak, değişmek-dönüşmek için önümüze fırsatlar geliyor önümüze... Her an bir mucize, her an bize şans sunuluyor. Ego'muz gelerek, zihnimiz devreye girerek bizi durdurmasa belki de ışığı görüp tekamülümüz adına gerekli adımı atıyor olacağız ama çoğu kez bunu kaçırabiliyoruz.

MELEKLERLE ilgili tüm çalışmalar, uygulamalar, adına "danışmanlık da dense terapi de dense, koçluk gibi de görülse" öncelikle, kendimizi bulmak, kendimizi gerçek anlamda keşfetmek, Allah'a yakın olmak, sevgi'de kalmak için. Bu çalışmaları ülke çapında duyurmaya başladığımız ilk günden beri birçok danışan "melekleri ne zaman görücem?" ya da "istediğimi hemen yapacaklar mı?" gibi soruları öncelikli olarak sorsalar da ana konu öncelikli olarak arınmak, yeniden başlamak... ÖZ'e dönmek.

5 yıldır yaymaya, tanıtmaya çalıştığımız, birçok tv programında konuk olurken ve kendi sunduğum programlarda yer verdiğim MELEKLER konusu hem iddialı, zor hem de sevgi ve iyi niyet dolu farklı bir çalışma oldu... Şifa isteyenler, aşk acısı çekenler, değişimi düşleyenler, yaşamını sil baştan şekillendirmeyi dileyenler, gerçekten Melekleri hissedebilmeyi çok isteyenlerle birlikte çalıştık. Dünya, materyalist gelişmelerden sonra, savaşlarla, acılarla, ego-merkezli kişilerle, teknoloji ile o kadar enerji olarak yoruldu ki bu çalışma herkesin spiritüel ilacı oldu. Bir anda tüm ülkeyi sardı, hatta yurtdışından da büyük ilgi gördü. Meleklerle ilgili yaptığımız çalışmalarda Havas, Kuran, Esmalar olduğu sürece kendimizi bizler çok daha huzurlu ve verimli işler yapmış olarak görüyoruz. Böylesi daha net oluyor ve daha inandırıcı, hatta sonuca yönelik. Kişisel Koruyucu Meleğinizle irtibat, Melek Enerjisi ile Spiritüel Rehberlik, Yaşam Amacınızı Bulmak, Melekler ve Geçmiş Yaşam Şifası bu alandaki çalışmalarımızdan bazıları... Bu bölümü çalışmadan önce 4. kitabım MELEKLER VE DÜNYANIN KURTULUŞU'nu okumuş olursanız konuyu çok daha net kavramış olacaksınız, tavsiyemdir.

ÖNCELİKLE...

1) PIRLANTA ARINDIRMA HORTUMU

4 Büyük meleğin ismini geçirin... Nefes alıp verin, kendinizi kötü veya enerjisi düşmüş hissettiğiniz anda göğün bilinmeyen bir noktasından gelen "pırlanta arındırma hortumunu" imgeleyin. Bu hortum aura'nızı arındıracak ve kendinizi negatiflerden arınmış kurtulmuş hissedeceksiniz. Başınızın üzerinde eterik hortumu şimdi görün. Pırlantadan oluştuğu için bu hortum çok güçlü bir enerjiye sahip, parlak ve sizi mutlu

kılıyor... "Sevgili Başmelek Mikail, sıkıntımı Allah'ın izni ile sana bırakıyorum, beni arındıracağın için sana teşekkür ederim..." diyerek işe başlayın... Nefes alıp vermeye devam. Ayağınızdan başınıza kadar bu pırlanta hortuma işi bırakın sizdeki tüm negatif enerjiyi alıyor, size göre arındığınız anda biraz uyuşma biraz rahatlama hissettiğiniz anda, pırlanta hortumu sevgiyle ve pembe ışık göndererek yok edin. 24 saat sonra (en geç) çalışmayı tekrar edin.

2) ETERİK KORDONLARI KESİN

Gün içinde evde, ofiste, sokakta, toplantıda, cafe'de enerjisi bizimle uyuşmayan çok sayıda kişi ile iletişimde oluruz bazen de onlarla aramızda olumsuz bağlar gelişir. Bu çalışmayı hem geçmişten kalan anlar ve kişiler için hem de her gün yenileyerek yapın. Tekrar etmek önemlidir. Eterik kordon görünmeyen yanlış enerji geçişleridir. 4 Başmeleğin ismini söyleyin, Kişisel Koruyucu Meleğinizin de enerjisini davet edin. Sağ kolunuzu yukarı kaldırın ve o kişi-konu-olay ile aranızda gelişmiş olan yanlış enerji geçişini kesin. Ben bunu çok sayıda danışanla zor seanslar geçirdiğim günlerde sık sık yaparım. Sağ kolunuzu başınızdan aşağı doğru indirin, "seni seviyorum, sana teşekkür ediyorum, seni şimdi sevgiyle ait olduğun kaynağa gönderiyorum" deyin. Kişilerle aranızdaki güçlü ve sevgi kaynaklı bağ bu çalışma ile kesilmez, sadece olumsuzluklar gider.

3) OLUMSUZ KODLARI DURDURMAK

Her gün bizi olumsuz kod'layan, bize inanmayan, sevgisiz bizi anlamayan kişilerle karşılaşırız. Onların bizi olumsuz kodlamaması için onlar bu olumsuz konuşmaları yapıp yanlış enerjiyi bize geçirmeye başladıkları anda beyaz bir ışık balonunun içine girin ve ister imgeleyerek ister işareti elinizle yaparak "X" yapın. İki elinizdeki iki işaret parmağınızı kullanın bu çalışma için. O yanlış olumsuz geçişi durdurun ve bu esnada "BAŞMELEK JOPHIEL'in sevgi enerjisine güveniyorum" deyin.

4)OLUMSUZUN İPTALİ GÜMÜŞ BIÇAK

Sevgili zihnimiz egomuz, bizi güya korumak için gün içinde gelir ve bizi "geçmişteki olumsuz anlara, anılara, kendimizi güvensiz sevgisiz değersiz hissettiğimiz zamanlara götürür. Şeytan ve ego-zihin aynı şeydir. Nefsi devreye sokar, geçmişte tutar. Allah ve Melekler ise bizi sever, olumsuzluklar aklınıza gelince onları an ve an iptal ederseniz zamanla onlar da size gelmez. Sizden beslenemezlerse sizden giderler. "Başmelek Mikail, Allah'ın izni ile bana güç kat, bu düşünce ve yanlış inancımı şimdi gümüş bıçağımla iptal ediyorum." Gümüş bu çalışmada kalıcılığı simgeliyor. "Bıçak gibi kesti" deriz ya hani, çalışmanız geçerli ve uzun soluklu kalıcı olsun diye bıçak imgesi burada size güç katacak.

5) MOR KORUMA AĞI

Mor çok güçlü ve etkili renktir. Başınıza kötü bir şey gelmesinden korktuğunuz anda, kendinizi veya sevdiklerinizi koruma kalkanına alın. Mor bir balık ağı gibi düşünün, ışıktan olsun ağınızı. Siz veya sevdiğiniz ağın içinde kalırken ağın deliklerinden o korktuğunuz ya da olasılık yaratan olumsuzluğu dışarı bırakın. Nefes alıp verin. Bu çalışma anında BAŞMLEK

AZRAİL ile çalışın. "Allah'ın izni ile bitmesi gereken enerjiler hakkında senden destek rica ediyorum" deyin. Önceden koruma için girip çıktığınız yerlere mor ışık da serpebilirsiniz.

Bu çalışmalar ilk başlarda size fazla basit hatta komik gelebilir, tekrar ettikçe otomatikleşecek çalışmalar ve enerjiler. Siz bunu sağladıktan sonra ise bilinçaltınız sizin artık olumsuzlukları yaşamınızda kabul etmediğinizi kabule geçecek ve sizin adınıza doğru kayıtları yapabilecek.

ALLAH'IN SEVDİĞİ KULLARINDAN BİRİ OLMAK İÇİN ÇALIŞIR VE ÜRETİRSEN, IŞIKTA KALIRSIN, HATA YAPMAZSIN VE HERŞEY DOĞRU AKIŞTA OLUR. AŞK YAŞAMINDA DA HAYIRLI OLAN SENİ BULUR. UNUTMA; YALNIZLIĞIN İÇİNDE DE BİLGELİK VARDIR: YALNIZ OLMAK YANLIŞ BİRİ İLE OLMAKTANSA DAHA ÇOK TEKAMÜLE HİZMET EDER...

MELEKLERLE ÇALIŞMAK TEVEKKÜLE DE İNANMAKTIR, IŞIK İLE YÜKSELEN RUHUN GEREKTİĞİNDE TESLİMİYET İÇİNDE DE OLUR. İNANMAK DA BUDUR ZATEN, KUL ALLAH'I SINAYAMAYACAĞI İÇİN DUALARIN ARDINDAN ZAMAN KOYMAYIN. "İŞİNİZİ ALLAH'A BIRAKIN" VE OLMUŞ BİLİN. OLDUYSA ÇOK SEVİNİN AMA OLMADIYSA DAHA DA ÇOK SEVİNİN, ŞÜKREDİN. ŞÜKÜRDE KALAN, YAŞAMI ANLAR.

MELEKLERLE AŞK DİLİNDE KONUŞUN...

JOPHIEL

Sevginin ve harmoninin Başmeleği Jophiel, ışığın ve anlayışın ile beni Allah'ın izniyle aydınlat. Düşüncelerimi net, temiz ve samimi tut ki hem kendime hem de aşkıma sevgi enerjimi göndereyim. Yaşamın güzelliklerini keşfetmek istiyorum, inanmak ve aşkta güvende kalmak istiyorum, senin de desteğinle. Dilekler doğru zamanda gerçek olur ben ilahi plan ve zamana inanıyorum. Sen büyük bir enerjisin, ben şimdi seninle işbirliği yapıyorum. Mesajları bekliyorum senden, beni Allah'a yakın tutan içimdeki sevgi bana güç de verir. Dualarım Allah'a ulaşsın... Şimdi aşk yaşamımı sevgi ile kucaklama zamanı. Işıkla.

ARIEL

Korkuyu ego yaratır ve ben istersem ego'mugeri plana atarım. Ben cesurum, şimdi sevgiyim ben artık. İçimdeki güce güveniyorum. Bereket ve sevginin Başmeleği Ariel, aradığım derinlik ta içimde o zaten bende. Hiçbirşeyden korkmuyorum çünkü aşkta da ilişkilerde de benim rehberim Allah ve Melekleri. Sevgi varsa korku yoktur, şimdi aşkta "sevgide kalmak" için o mutlu anlarıma dönüyorum. İçimden geleni cesaret ile yaptığım anda Melekler zaten bana eşlik eder. Ben şanslıyım, ben işimi Allah'a bırakırım sonucu takip etmem. Sonuca güvenirim. Yolum aydınlık.

CEBRAIL

Sevgi koşulsuzdur ve sınırsızdır. Ben Meleklerle çalışarak gerçek sevgiyi her an yaşarım. Aşkın hayrıma olanını şimdi çekiyorum yaşamıma. Sevdikçe sevgiyi alırım, gün içinde Meleklerimle sevgi mesajlarımı aşkıma da yollarım. Geleceği sevgi kurtaracak, Melekler ile her daim yalnız olmadığımı biliyorum. Korunduğumu da bilirim. Cebrail, sen en güçlü mesajları getirensin. Yüce Peygamberimiz seninle konuşmuştu.

Enerjin bizden eksik olmasın, aşkta saf kalabilmem için bana ışık tut, niyetlerimi temizle. Allah'ın izni ile...

METATRON

Sezgisel ve özelim ben beni Allah özel yarattı, aşkı en saf hali ile yaşamımda tutmayı seviyorum. Başmelek Metatron, zamanı adıma düzenle. İlişkimde, aşkımda çok daha sonraları yaşayabileceğim mutlulukları zamanda erkene al Allah'ın izni ile. Bebekleri ve çocukları sen korursun, aşkımla aile olmaya niyet ettiğimde bebeklerin saf enerjisini de seninle tanımayı istiyorum. Zamanı bana bu boyutta verilen süreyi verimli, aşkla, doğrulukla geçirebilmem için lütfen beni gün içinde mesaj, ışık ve rehberliğinle destekle.

ZADKIEL

Zadkiel, şefkati simgelersin... Şefkat olmasa dünyam çok zor olurdu, güzel duygular ile aşkımı ilişkimi ışık çemberine al. Empati kurabilmem aşkımla iyi geçinebilmem için bana yol aç. Allah bağışlayandır ben de şefkat dolu olmayı seçiyorum aşkıma doğru... Şefkat, merhamet bana insan olduğumu anımsatır. Yumuşak duygular ve sevgi ile mutluluk benimle olsun şimdi ve tüm zamanlara doğru. Başmelek Zadkiel en olumlu anlarımı bana hatırlat, yanlış bir davranışım olursa bana güzel ve sevgi dolu bir uyarı gönder. Ben iyi biri olmak, verici bir aşık olarak kalmaya niyet ettim.

ŞAMUEL

Yaşamımı tamamlamak için yola çıkıyorum, benim olanı bana çekmek niyetim... Başmelek Şamuel anlamlandıran enerjinle desteğini gönder, şimdi aşk, sevgiyi, paylaşımı keşfetme zamanı. Karma planımda özel yeri olanları, gerçek ruh ikizimi, eksik yarımı Şamuel rehberliğinde çağırıyorum Allah'ın izniyle. Niyetlerim net benim olan bende kalır. Bana ait olanı ben enerjim ve iyi niyetimle zaten yaşamıma çekerim. Eksik parçalar tamamlanıyor, ben şimdi ve tüm zamanlara doğru ruh ikizimle mutluluğu seçiyorum.

HANIEL

Ayışığında gizlilik vardır ve sırlar, aşk, bilgelik, değişim... Haniel beni derinlikli yap... Bilinçaltınız ile yüzleşmek istiyorum kendimi aşkın içinde yeniden anlamak ve keşfetmek istiyorum, gerçek beni ortaya koyarak aşkta ilişkimde mutluluğa yelken açıyorum. Ay'ın her bir farklı evresi bana değişik fırsatlar sunar. Haniel mesajların ile beni destekle, ışığınla ilişkimin gelecek yolunu aydınlat, aşkta artık daha derin bakmayı seçiyorum. Yeniay ve Dolunay dönemlerinde rüyalarımda negatifleri benden al, beni temizle, mesajlarını göster.

RAGUEL

İlişkilerimizi ben seçtim bu karma'mda, onları ben çektim yaşamıma... Onlar beni geliştirdi ve bana öğretiyor. Raguel seninle çalıştıkça ilişkilerimde özgür, saf ve net olabilirim bana destek ol... Eski ile vedalaştım, şimdi sevgi ile herşeyi kaynağına bıraktım. Şimdi ilişkilerimde sevgi dolu ve sağlam olma zamanı... Benden sadece sevgi çıkar ve bana sadece sevgi gelir. İlişkimdeki kişi bana aynalık ediyor, bana güzel yanlarımı bir kez daha gösteriyor. Ben mutluyum, Başmelek Raguel tüm ilişkilerimde yanımda ol Allah'ın izni ile...

JEREMIEL

Yaşamın içinde değişim asla bitmez. Her gün yeni bir başlangıçtır. Ben kendimi aşmak ve değişim-dönüşüm için şimdi sevginin meleği ile işbirliği yapıyorum. İyilik ve sevgi yolunda değişmek ne güzel... Işığı, sevgiyi, yeniliğin gücünü şimdi yaşamıma davet ettim. Herşey tek bir küçük adım ile şu an başlasın, şimdi ve tüm zamanlara doğru aşk olsun. Aşkla yüreğim dolsun, ben aşkın ta kendisiyim. Bu anın tadını çıkarıyorum, aşkı seviyorum ve seçiyorum. Başmelek jeremiel Allah'ın izni ile benim yolumu aşk adına aydınlat.

AZRAIL

Sevdiklerimiz gün gelir bizi bırakır çünkü daha farklı bir enerji boyutu onları çağırır. Ölüm geçişinde Azrail onlara destek olursun, ölüm değişimdir bitiş değil. Ölen yakınlarınıza Azrail ışık ve sevgi verdi, onlar giderken yalnız kalmadılar e mutlu bize bunu biliyoruz... Sevdiğim kişi ölse de seninle ışık bulacağına inanıyorum. Aşk ve ilişkilerde ise son bulması gereken enerjileri sana emanet ettim Azrail Allah'ın izni ile. Bitiş değişim için tekamül için bize gelir, sana teşekkür ederim bana verdiklerin benden aldıkların için. Şükürler olsun.

SANDALFON

Sandalfon seninle müzik, sanat, enerjiler, hayaller ve dualar alanında çalışmayı seviyorum. Sanat ve ilham bu dünyanın enerjisini yükseltiyor aşkın da… Ruhumu senin sevgi notalarına teslim ettim, müzik ve doğa bu aşkımı beslesin… Dualar, gerçek olur. Allah isterse herşey gerçek olur. Başmelek Sandalfon sen Allah'ın elçisisin. Bana yardımcı ol ve yaşamımın, aşkımın, ilişkimin enerjisini yükselt. Harmoni ve sevgiyi aşkıma ve bene gönder. Aşkta daha fazla hayal gücü ve duygusal olmaya niyet ediyorum. Seviyor ve seviliyorum.

RAZIEL

Yüksek katlar! Başka boyutlar! Sırlar!Bilinçaltım!.. Tüm bu alanların aşkım ve ilişkimle bağlantısını biliyor ve kabul ediyorum. Raziel bana yol göster bilinçaltım ile beni yüzleştir. Allah'a giden yolda sen benim rehberim ol. Bilgi ve gerçek farkındalık için seninle çalışmak, aydınlanmak isterim ben... Gerçekler gizlidir, insanın gerçek misyonu gerçeği bulmaktır aşkta da... İlişkimi daha güzele taşıyabilmem için ışığını şimdi ve tüm zamanlara doğru gönder. Işığını lütfen aşkıma da gönder kapılarımızı sana açtık, teşekkürler.

URIEL

Başmelekler daima yardım ve rehberlik için hazırdır. Uriel sen Allah'ın elçisisin. Seninle aşk sorunlarımı çözebilirim bunu biliyorum, rüyamda bana güzel aşk mesajlarını lütfen yolla ve hatta sorunların kaynağına da git, onları şifalandır. Tüm Melekler yardım için hazırdır, isteme gücüm ve artarak çoğalan inancım ile ben de onlara yolumu açarım. Başmelek Uriel Allah'ın izni ile bana, ilişkime, duygularıma güç kat. Aşkta gerçekleri istiyorum, özel olmayı ve sevilmeyi. Karşımdaki kişinin kalbini yumuşat.

AŞKTAN gerçekten ne istiyorsunuz...

Bunu neden istiyorsunuz ve bu İKİNİZİN de hayrına mı...

Gerçekten mi istiyorsunuz yoksa hepsi bir zaaf mı...

İçsel telkinlerinizi takip edin, yalnız değilsiniz şimdi Işıkları ile Melekleri bekleyin...

Melek mesajlarını doğru takip edin, emin olun, süzgeçten geçirin.

Olumlama yapın (örnek: *yeni aşk yaşamım başlıyor... artık aşkta çok mutluyum... ilişkim bana akıyor...*)

Daha çok nefes alın; nefes yaşamdır. Nefes aldıkça yanlışlarla vedalaşacaksınız.

Daha çok ve hatta bol bol onu da düşünerek "*teşekkür ederim, seni seviyorum, beni affet-seni affediyorum*" deyin.

Meleklere teşekkür edin.

Bir adım atmanız gerekiyorsa atın, onu arayın, mesaj atın veya sevgi enerjisi gönderin "*ya olmazsa fikrini silin*"...

Hazırsanız sizindir. Olmayacaksa de hayrınızadır... Mesajlar işaretlerle veya riyanızda gelecek...

Her gün takrarlayın:

1. Kendimi ve onu bağışlıyorum.
2. Her ne olduysa benim hayrımaydı, oldu, geçti, gereken mesajı ben aldım.
3. Onu bağışladım, artık özgürüm o da özgür. (imgeleyerek bir kelebeği serbest bırakın.)
4. Boynunuzu, belinizi, ayaklarınızı sıkan bir zinciri yine imgeleyerek kırın, atın.
5. Başmelek Mikail ego'mu benden uzak tut ona karşı anlayışlı olmayı seçiyorum...
6. Bu boyutta ve her boyutta ben ve yüksek benliğim şifalandık. Şükrediyorum.

7. Pembe ışık gönderin, onunla mutlu bir anınıza canlandırıp sevgide kalın.

MELEKLER ve aşk yardımı...

1. Herkesin bir koruyucu meleği vardır, aşkta da yardıma gelen...
2. Meleğinizle olan güçlü bağınıza inanın, aşkta samimi bir kalp ile sevin.
3. Meleğiniz sizin aşk ve ilişki kaderinizi de taşır.
4. Onlar ruhunuzu sizden çok daha derin bir anlamda görür.
5. Onlar bilir.
6. Sizin onları anlayabileceğiniz şekilde sizinle irtibatı tercih ederler.
7. Işıkları insanın yolunu, bilincini, aşkını aydınlatır.
8. Bedenlenmiş Melekler, Meleksilerle aşk yaşamak şanstır.
9. Yeryüzü Melekleri aşkta daha tutkuludur ve fedakar.
10. Melekleri kalp yolu ile algılayabilirsiniz.
11. Melek gerçekte insan formunda değil ama Allah isterse insana insan gibi görünebilir, bir aşk mesajı için size gelip yok olabilir aniden...
12. Doğa yardımcıları (silfis, ondin, salamander, gnom) meleklerin alt kategorileridir, doğada mesaj almak için zaman geçirirseniz onlarla da irtibatınız olabilir. Onlar büyük amaçlar için değil, küçük işler küçük mesajlar için görevli...

13. Melekler sizin gelişiminizden sorumludur, güzel aşk niyetleriniz olsun. İyi düşünün.
14. Jophiel, Jeremiel sevginin melekleri...
15. Herşeye rağmen ilişkinize şükretmek sizi meleklere yaklaştırır.
16. Melek enerjisine uyumlanan kişi zaten artık "olumsuz" olanı aşkı terk eder.
17. Melekler siz ağlayınca yanınızda, aşk acısında da ayrılıkta da...
18. Melekler insanlardan önce de vardı, bazı bilmediklerinizi onlar biliyor. Kadersel aşklar da buna dahil.
19. Melek sevgi ile insanı Allah'a döndürmek için çalışır. Aşkınız kutsal ve bu duruma layık olmalı...
20. Almaktan çok verin aşkınıza; bu Melekleri ve Allah'ı mutlu eder.
21. Melekler konusu hassas ve derinlikli ele alınmalıdır, menfaat dolu aşklar için onları meşgul etmeyin.
22. Meleklerin öğür iradesi yok, istediğinizin altını çizin...
23. Melekler sizi duyar ve dinler; karşılık da verebilirler ama niyette samimi olun.
24. Melekler asıl gücün sadece Allah olduğunu bilir, siz de bilin. Allah'a dua edin aşk için de...
25. İnsan göremeden melekler her yerde dolaşabilir, aşk mesajınız her an gelebilir.
26. Meleklerin ışık tuttuğu aşklarda korku olmaz sadece sevgi olur.
27. Saplantı ve endişe ile meleklere yakın olamazsınız, aşkı da kaybedersiniz...

28. Melekler aşkı daha güzel hale sokar; ilişkinizde çiçek, müzik, ışık, bebek gibi güzelliklere yer verin.

Sürekli melek enerjisi ile çalışmak, bir süre sonra aşk yaşamınızı da destekler:

1. Daha duyarlı olursunuz ona karşı, empati gücünüz artar.
2. Bazen uçacak kadar hafiflersiniz, eskisi gibi her aşk gelişmesini olumsuz da olsa takmazsınız.
3. Daha çok gülersiniz, onu özlediğiniz aman anında mesaj gelir.
4. Masumiyet artar ilişkinizde…
5. Paraya çıkarlara daha az önem verirsiniz, onu olduğu gibi sever ve kabul edersiniz.
6. Bazen görünmez biri gibi dışarıdan olayları gözlemleyebilmeye başlarsınız. Onu anlarsınız.
7. Küçük şeyler sizi sevindirir, aşkta beklentiyi kesip olanı alırsınız.

AŞKTA ŞİFA için "kendinizi affetmeniz" gereken konular:

1. Şikayet etmek ve şükretmemek
2. Şüphe duymak
3. İnanmamak
4. Empati yapmamak
5. Suçlayıcı olmak, kendini suçlamak
6. Saflıktan çıkmak
7. Öfke

8. Üzüntüyü çağırmak
9. Koşullar koymak, zamana fazla takılmak
10. Sevgiyi unutmak
11. Hırs
12. Zaaf
13. Rekabet
14. Sinsilik
15. Vücuda zarar veren şeyleri yapmak, bedenini sevmemek
16. İnkar ve riya
17. İmansızlık
18. Sabrı yitirmek
19. Negatif üretmek
20. Melekleri unutmak, güvenmemek
21. Allah'a itaatsizlik

Koruyucu Meleğinizle, kişisel yardımcınız ve koruyucunuzla kendi istediğiniz an tanışabilirsiniz. Kendi tarzınız, içten isteğiniz, doğru anda, doğru yerde, gerçekten ihtiyacınız olduğunda ondan aşka dair mesajlar da gelir. Geceleri yatarken Meleğinizi gözleriniz kapalı imgelemeye başlayarak da sürecin içine girebilirsiniz. Rüyanızda da ilk olarak görüp tanışabilirsiniz. Gün içinde bir aşk mesajı istediğinizde size göndereceği bir işaret ile de küçük küçük anlaşmaya başlayabilirsiniz.

Kişisel Koruyucu Meleğinizin sizi duyduğunu bazen sadece "hisler"le anlarsınız, bazen ondan geldiğini bildiğiniz bir "iç ses" sizi uyarır, bazen de "düşünceler" gelir. Melek mesajı geldiği anda, içiniz huzurla dolar... Melekler karmaşık bir mesaj yollamaz, her mesaj ve destekleri hayrınızadır. İçinizi sıkan, emin olmadığınız hiçbir şeyi yapmayın. İç sesinize değer bazen Melekler söz konusu aşk olunca da...

Melek Enerjisi bir sevgi ve sezgi yoludur, mantıktan çok duygular ile adım atın. Koruyucu Meleğinizden gelecek sevgi mesajı tüm benliğinizi ısıttığı için severek bu mesajın ardından gidersiniz... Koruyucu Meleğiniz ile çıkacağınız bu çok özel yolda, "durugörünüz" güçlenecektir... Sizi günlük yaşamın koşturmacası içinde rahatsız etmek istemezse; rüyanızda da mesajı verebilir.

Bazen yolunuza çıkaracağı minik bir engel ile sizin buluşmaya gecikmenizi bile sağlayabilir, belki de o buluşmadaki kişi size hayırlı gelmeyeceği içindir bu... Yeter ki siz bu mesajları algılayın.

AŞK VE MELEK OLUMLAMALARI ile başlıyoruz:

Ben artık melek enerjisi ile aşkta mutlu olmayı seçiyorum...

Ben ilişkimde herşeyin en iyisine layığım ve meleklerin bana yol göstereceğini biliyorum...

Meleklerin beni sevdiğine eminin, bunu bilmek bana daha çok sevmem için kapı açıyor...

En çok acı çektiğim anımda melekleri anar Allah'a teslim olur ve yenilenirim...

Aşk güzel, meleklerle her an koruma altındayım...

İstediğim herşeyi aşk yaşamımda melek enerjisi ile çekebilirim...

İlişkimin hayrı için Meleklerle yol alıyorum...

Sınırsız gücü yaşamıma davet ettim; Meleklerle aşkta herşey benim.

Uyum-mutluluk-sevgi-şifa-bereketi melek enerjisi ile yaşamıma çağırıyorum...

Aşk yaşamım yeniden başlıyor Meleklerle...

Koruyucu meleğim; beni Allah sevgisi ile kuşat. Kuşat ki ben de daha çok sevebilen olayım...

Zor anlarımda benimle ol ve beni ışıkla sar. Aşkımı da ışığın ile donat.

Aşkta da Aydınlanmama vesile ol; rehberliğini istiyor ve çağırıyorum.

Yanımda ol. Bana gerçek sevgiyi göster safça çıkarsızca... Teşekkür ederim.

Melekler konusunu tam anlamıyla özümseyebilmek için MELEKLER VE DÜNYANIN KURTULUŞU kitabımdaki çalışma ve meditasyonları mutlaka uygulayın, kitapta Meleklerin düzeni, Meleklerin tam olarak ne olduğu ve onlara dair çok farklı araştırma-detayları da bulacaksınız. Melek enerjisi aslında sadece Allah'a yakın olmaktır. Her işinizi Allah'a bırakıp, güven ve tam teslimiyet, tevekkül içinde kalırsanız "dert" diye bir şey olmadığını görürsünüz. Derdi zihin yani ego (bu boyutta Şeytan'ın kullandığı bize ulaşma aracı, nefs de buna dahil) kamçılar, ona sizler hayır demeye başladıkça size daha fazla olumsuzu gönderemez hale gelir. Meleklerle aşk dışında tabi ki daha önemli konular olan şifa, sağlık, blokajlar, bereket sorunları ve benzer alanlarda da çalışılıyor. Melekler eğer yaşadığınız veya yaşamak istediğiniz sizin için hayırlı bir aşk ise size ışık gönderir. Gerçek aşk mı ego mu hırs mı "bunu içinize sorarak" zaten siz bulacaksınız. Melek Danışmanlığı seanslarımızda kişiler ana sorunlarını çözebildiği gibi, meleklerle irtibat, farkındalık, arınma ve mucizeleri yaşamlarına davet edebilme gibi başka etkileri de deneyimleyebiliyor. Sevgi ve Işık hepimizi sarsın. VE ÖYLE DE OLDU.

Aşağıdaki link'lerde Meleklere dair bazı açıklamalarımı bulabilirsiniz:

http://www.youtube.com/watch?v=T4mzcbRIBuo

http://www.youtube.com/watch?v=BfPJv5UWNSw

http://www.youtube.com/watch?v=BlQF0XLIaCQ

8. AŞKTA GEÇMİŞ YAŞAM ŞİFASI – REGRESYON

Geçmiş Yaşam Şifası yani Regresyon, Meleklerle işbirliği halinde olarak yaptığımız çok zöel ve tüm Dünyada kabul görmüş bir çalışmadır.

Bu çalışma yaklaşık 1 saat kadar sürüyor. Yaşadığınız o tekrar tekrar sizi bulan sorunun kök sebebi bulunarak şifası sağlanıyor. Regresyon bereketten sağlık konularına, öfke ile ilgili konulardan blokaj ve çöküşlere, korkulardan bereket-para alanındaki tıkanıklıklara kadar çok sayıda konuda şifa sağlasa da biz bu bölümde konuyu "aşk" ile ilişkilendirerek anlatıyor olacağız.

Geçmiş Yaşam Şifası---- ÇALIŞMA KONULARI:

İlişkilerinizin güzel başlayıp aniden ve anlamsızca bitmesi...

Uzun süren yalnızlıklar...

Aldatılma...

Her ilişkide terk edilen taraf olma...

Sürekli evli erkeklerle/kadınlarla ilişki yaşama durumu...

Aşkta değersizlik hissi...

İlişki yaşamaktan korkma...

Kendi ilişkinizi kendiniz baltalıyor, sabote ediyorsanız...

Kaybetme korkusu...

Çokeşlilik...

Blokaj, kısmetsizlik, çöküşler, kıskançlık...

Bu bahsettiğimiz sorunların kökü 3 kaynaktan gelebiliyor:

1. Reenkarnasyon teorisi: geçmiş hayatlardan gelen karma.
2. Atalardan gelen enerji mirası: büyükleriniz de benzer sorunları yaşadı ve bu size aktarıldı.
3. Kolektif Bilinç: doğarken ortak bilgi havuzundan tüm insanlığın yaşamış olduklarından çektikleriniz.

Bilinçaltımızdaki farkında olmadığımız kayıtlar yaşamlarımızı ve ilişkilerimizi yönetiyor. Aynı aşk sorunlarını neden tekrar tekrar yaşıyorum diyorsanız, sebebi tamamen geçmişle alakalı. Geçmişteki o kök kayıtlara ulaşmadan da tam olarak şifası mümkün değil. Biz geçmişte bize yüklenen veya kendi yüklediğimiz kod'lardan ibaretiz. Geçmiş geleceğinizi sabote etmeden, kendiniz tanımak, gerçek siz ile yüzleşmek ve şifa için mutlaka "geçmiş yaşam şifası" yaptırın.

Geçmiş yaşam şifası o sizi zorlayan ve anlamsızca tekrar tekrar kapınızı çalan konunun, kök sebebini bulup ortaya çıkartıyor. Başmelekler ve Kişisel Koruyucu Meleğiniz de bu çalışma esnasında şifa güçleri ve büyük enerjileri ile desteğini sunuyor, rehber oluyor, rahatlatıyor. Bu çok özel ve etkili çalışma, konuya dair kök sebebi ruhsal hafızamızdan DNA'mızdan siliyor. Zamanla bu konu önce sizde hafifliyor ve kabule geçiyorsunuz, göstermiş olduğunuz direnç bitiyor. Sonunda ise tamamen sizi terk ediyor.

1 saat kadar süren REGRESYON çalışmamızda:

Sorunun kaynağı saptanıyor...

Şifası yapılıyor...

Melek enerjisi ile çok özel ve farklı diğer bölümümüz sizi rahatlatıyor.

Seans sonunda 21 Günlük Çalışma Planı size sunuluyor.

Regresyon çalışmamızı, geçmişinizi şifalandırmak adına hem yüzyüze hem de telefonda tüm Dünya ile yapıyoruz.

REGRESYON çalışmamızı neden Meleklerle yapıyoruz...

Koruyucu Melekler bu çok özel çalışmada bizlere eşlik ediyor ve onlar gerçekten de var, hem 3 dinde hem de birçok başka kaynakta sözü edildiği gibi. Onlar hep bizimle, özgür irademize ise asla karışmadıkları için mutlaka onlardan kesin bir biçimde Allah'ın da izni ile yardım diliyor olmamız gerek. Onlar doğru yolu, kaderimizi, bize gereken değişimi biliyor ve onlar saf enerjinin ta kendisi.

Onlara iç sesimiz ve gönül gözümüz ile kulak vermek yaşamın tüm mucizeleri ile tanışmak demek. Başmelekler diğer Meleklerin yöneticisi gibi, o nedenle bu regresyon çalışmamızda koruyucu Melekler kadar Başmelek etkisi de tercih edilir, verim ve güç için. Onlardan yardım istemenin tekniği aslında size özel, içinizden ve yürekten olsun yeter.

Bu çalışmada korkular bitip yerine sevgi gelsin niyeti ile Melekleri de rica ediyoruz eşlik etmelerini yani... Bu şekilde huzur da sağlanıyor. Melekler çok büyük varlıklar, Allah izin verdiği takdirde size ışık tutarlar. Meleklerin sevgi mesajlarını alarak bu yolda ilerlemek size çok iyi gelecek. Birçok konuda, sorunda, yaşam amacınızı öğrenirken zaten Meleklerle iletişimde kalmak güzel ve doğru. Onlar Allah'ın elçisi.

Hayatı dolu dolu yaşamak, kendi yolunuzu bulmak, netleşmek, arınmak, yeniden başlamak, amaçlarınızı bulmak, gerçek yerinizi bulmak için MELEKLERLE GEÇMİŞİNİZİ ŞİFALANDIRIN.

BAŞMELEK İSRAFİL...

Sen Allah'ın şifa veren elisin...

Allah'ın izni ile sorunlarıma şifa ol.

Gerekli yaşam derslerini alarak, bu yaşadığım sorunu sana emanet ediyorum.

Sorunumu seviyorum, ona teşekkür ediyorum.

Tüm olumsuzlukları kaynağına gönderdim.

Şimdi ve tüm zamanlara doğru **ŞİFA** olsun...

Duyular ötesi bir yaşamınız yoksa çok şey kaçırmış olursunuz. Hayat sadece temel 5 duyumuzdan ibaret değil. Ana konu ve ana keşif duyuların ötesinde aslında, bunu unutmayın. Şifalanmak korkunun bitmesidir, korku sevgiye dönüşür, hepimizin aşk yaşamlarını gerçekte "korku" yönetiyor. Ayrılık korkusu, aldatılma korkusu, yalnızlık korkusu vb... Şifa sonrası kişi kendini çok iyi tanıyacağı gibi bir yandan yeni aşk mucizelerini de çağırmış olacak. Aşkta şifa çalışmalarında sonuca odaklanmak doğru değildir. Bu da başka bir korkudur, akışta olmak ve kabule geçmek, olanı almak daha doğrudur.

Aşk ve ilişkiler alanında gerçek anlamda şifaya girebilmek yaşama tepeden bakabilmektir. Herşey aslınd aolması gerektiği gibi, acı çekmeden şifa da seçilmezdi. Kimse size spiritüel bir göz ile bakarsanız "kötülük" yapmıyor. Onlar siz aynalık ediyor, size öğretiyor ve sizi güçlü kılıyor. Deneyimler bizi ruhsal anlamda besler. Şifa seanslarımızın sonunda her zaman sadece Allah'a dua edilir. Asla meleklere değil, unutmayın melekler kendilerini asla başarılı görmezler tüm takdirin her zaman ve sadece Allah'a gitmesi için çaba gösterirler. Şifa için yola çıkıldığında durumu şükür enerjisi ile beslemek çok önemlidir. Şifanın ana kaynağı zaten Allah'tır. İlişkilerinizde yaşadığınız sorunlar yani şifaya ihtiyaç duyan konular genelde değersizlik hissi, ilişkinin bitmesinden korkma, yalnızlık kodları, güven sorunundan kökünü alabiliyor. YA ŞAFİ Allah'ın hayatımızdaki her türlü konuya şifa getiren isimlerinden, zor zamanlarda başvurun.

Kadın hastalıkları ile boğuşan veya meme kanseri gibi "cinsellikle" ilgili bir sembol içeren hastalıklar adatılan, terk edilen, istenmediğini düşünen kadınların kendilerine yönelttiği sevgisizlik, değersizlik, özgüven sorunları ile ilişkili. Tüm hastalıkların duygusal ve düşünsel sebepleri var. Hiçbirşey tam olarak madde ile veya fiziksel gerçeklerle alakalı değil. Şifa anında ruh ile içimizi dinleriz, evrensel zeka ve yüksek benliğimizle çalışırız.

Şifada Enerjilerle Bağlantıya Geçerken En Önemli Noktalar...

Başın tepesi- taç çakra

Alnın ortası- 3. Göz Alanı

Boğaz

Kalp

Alt karın

Eller, ellerin üstü

Bileklerin arkası

Ayak üstleri

Bu bölgelerde enerjinin gezdiğini çoğu kez şifa anında hissederiz. Enerji alanına geçiş yaparız…

Çok çaba gösterdiğiniz anda ya da korkmaya başladığınız anda şifa gerçekleşmez. Şifa bütün ile bir olmaktır, ana kaynağa geçmektir, olması gerekendir. Birçok kişi aşk sorunlarını neredeyse severek, onları elinde tutarak, onlara sarılarak ve onları doğal kabul ederek yaşıyor. İstersek tüm evreni bedenimizde hissedebiliriz, buna donanımlı olarak doğuyoruz ama sonra unutuyoruz. Şifa tam olarak bir yolculuktur, bir yolun sonu değildir. Aşkta gücünüzü geri kazanmak için mutlaka korkularla bilerek veya bilmeyerek aranızda geliştirdiğiniz bağları kesmelisiniz. Sizi ilişkilerinizde mutlu ve mükemmel olmaktan alıkoyan bir blokaj bir engel var, şifa onu bulur ve sevgiyle gönderir…

9. RİTÜELLER, TILSIMLAR, ENERJİ ÇALIŞMALARI

GÜLLERİ YOLUNA GÖMDÜM...

Arzuları yoğunlaştıracak bu çalışma ile siz de onu daha çok istemeye başlayacaksınız...

2 adet kırmızı gül

Gül yağı

2 adet kırmızı mum

Kırmızı İp

Çalar saat... Geceyarısı girerken işe koyulmak için...

Açık bir pencerenin önünde gül yağı ile buhur yapmaya başlayın. Zamanlama geceyarısına yakın olmalı, kırmızı ipe aşkınızla ilgili dileklerinizi düşünerek ve yoğun odaklanarak 8 (sonsuzluk-sınırsızlık) adet sıkı düğüm atın, dilekleri düşünün ve en sonunda **"ve öyle de oldu"** diyerek kodu tamamlayın.

2 adet mumu ip ile bağlayın, mumların üzerine kürdan ile dilekleri kazıyın. Biraz yakın, önüne gülleri koyup yakmaya devam edin. Dilek, aşk ve sonuca odaklanın güllere nefes

gönderin, mumu söndürün. Bu uygulama uykudan önceki son eyleminiz olmalı. Şimdi uyuyun…

Bu çalışmayı 7 gece devam ettirin, 7. gece onun evine yakın bir yere gülün yapraklarını gömün.

AŞKIMIZ GİBİ BEYAZ VE MASUM…

Yeniay zamanı çalışmaya başlayın…

Yeniay yeni başlangıçlar, yaratıcı güç ve saflık enerjisidir. Yeniay ışığı altında oturun, düşünün ve aşkınıza odaklanın, aşkta yeni enerjileri çağırın. Beyaz Kuvars Kristalinizi sol avcunuza alın ve sevgi'de kalın: sevgide kalmak aşkınızla ilgili yaşanmış olan en sevgi dolu anları canlandırarak tekrar anarak gerçekleşecektir…

Beyaz bir mumu yakın. O anda gözlerinizi kapatın ikinizi sarılmış olarak hayal edin ve sarılırken beyaz bir ışık topuna dönüştürün ikinizi. Bu ışık topunu odada yanan mumun alevinde erittiğinizi imgeleyin. "Şükürler olsun" dedikten sonra, olumlama bölümüne geçin:

Aşkı seviyorum. Aşkı seçiyorum. Kalbimi bu gece ve tüm zamanlara doğru aşka açtım.

Mum tamamen eriyene kadar seyredin ve bekleyin. Bu mumun alevini onun kalbi olarak düşünün, "gerçek sevgiyi seçiyorum, onun da kalbinin bana doğru çarpmasına niyet ediyorum" şeklinde enerji göndermeye devam edin.

Tam bu anda, onun resmini kalp çakranıza doğru bastırın; iki göğsünüzün ortasının biraz üstüne… Bu resmi gece uyurken yastığınızın altına koyun. Mumun erimiş hali, sabah kalktığınızda size bir ipucu verecek, şekli takip edin…

VENÜS AŞK TANRIÇASI

Gece evde banyo suyunuza Yasemin Yağı ve Gül yaprakları ekleyin. Pembe mum ışığı yakın ve banyonuzdaki tek ışık bu olsun.

Mumun alevine odaklanırken, enerji olarak aşka odaklanın.

Banyo ile arındıktan ve aşka açıldıktan sonra yatak odanıza gelin, en sevdiğiniz aşk şarkısını çalmaya başlayın. Kırmızı bir mum ile odanızı aydınlatın, bir yandan aşka güçlü etkileri davet etme özelliği ola civan perçemi tütsüsü yapmaya başlayın. Tütsünün dumanında aşkınızın yüzünü imgeleyin. İmge net olduğu anda, gözlerinizi kapatın. Onu hayal edin, size bir parça kağıt uzatacak ve o kağıtta ilk aklınıza gelen kelime veya cümle aşk mesajınız olacak. O mesaja mutlaka yoğun şekilde pembe ışık gönderin.

Gözlerinizi açın derin derin tam 19 kere odaklanarak nefes alın, her nefeste ona daha da çok yaklaştığınızı düşünün.

"Civam perçemim yan yan yan

Aşkım bana yan yan yan

Bu gece aşkın gecesi, mesajımı al

Yarın bana odaklan, aşkınla bana saklan..." deyin ve uyuyun.

AŞK MIKNATISI

Yeni ve seçerek aldığınız küçük bir mıknatıs ve Aytaşı ile gece odanızda hazırlıklara başlayın...

Dalga sesleri, kuş sesleri, meditasyon müziği ile odaklanın, gevşeyin, aşka açılmaya niyet edin.

Aşk yağı karışımı:

Gül yağı

Yasemin yağı

Sandal ağacı yağı

Portakal Yağı

Ylang Ylang yağı

Biberiye yağı

Tüm yağları az ve eşit miktarda karıştırın, aşka odaklanın. Yağlar ile odada buhuru başlatın.

Sevgiliniz eve gelmeden önce ya da eşiniz işten eve varmadan önce evi bu buhur ile tazeleyin.

Yatak odasına geçmeden önce sol avcunuzda Aytaşı ve Mıknatısı sıkıca tutun, odaya doğru güzel ve derin bir nefes gönderin. Dilek tutun. Odada sevgilinizin ya da eşinizin kulağına usulca üflemeyi unutmayın.

DOLUNAY GECESİ AŞKIMIN İĞNESİ

Onun araması için yapabileceğiniz bu uygulamada önce doğru yağlar ile mekanda buhur çalışması yapalım:

Lavanta yağı

Limon yağı

Portakal Yağı

Menekşe esansı da ekleyin…

Karışımı yakarak enerjileri aktif hale getirin. Dolunay zamanı daha uygun olacaktır…

Kare şeklinde kırmızı bir kağıdın üzerine sonsuzluğu simgeleyen bir daire çizin. Dairenin üzerinde 3 kere ard arda onun 3 kere ard arda sizin isimlerinizi yazım, isimler daire üzerinde kesişmeli. Dairenin tan ortasına mor bir kalp çizin. "Ara beni" şeklinde odaklandıktan sonra ve hazır hissettiğiniz anda kalbin tam ortasından bir toplu iğne geçirin.

Bu çalışmayı telefonunuzun yanına bırakın, o arayana kadar bekletin. Aradıktan sonra yakın.

AL YAKUT TILSIMI

Onun resmi ile kendi resminizi yüz yüze getirin ve zımbalar ile birleştirin. Bu birleşmenin iç tarafında küçük bir parça yakut bulunmalı. Sonra bu resimleri kırmızı ipek bir kumaşa dikin. Kumaşı yani hazırlanmış tılsımı iç çamaşırlarınızın durduğu yere bırakın.

Çalışmaya gece yarısı başlanmalı, Dolunay zamanı tercih edilmeli.

Ardından odada kırmızı bir mum yakmaya başlayın, bir adet papatya bir adet gülü elinize alın ve "seni seviyorum, seni kabul ediyorum, sana teşekkür ediyorum" sözcüklerini tekrar edin. İlk buluşmada bu çiçekleri ona hediye edin.

ELMALI TILSIMLA AŞK TAZELEME

Bir adet kırmızı elmayı soyun, elmayı siz ve aşkınız birlikte yemelisiniz. Elma kabuğunu ve içindeki çekirdekleri bu arada tavada yakın... Koku çıkmaya başladığı anda ikiniz sarılın, kendi kalbinizden onun kalbine pembe ışık gönderin, onun kalbinden hangi renk ışık geldiğini takip edin ve o ışığı da kendi kalbinize doğru alın kabul edin.

Elma kabuğunu ardından kurutun.

Elma çekirdeklerini o gece toprağa gömün.

O gece göreceğiniz rüyayı mutlaka rüya günlüğünüze not alın, mesajcı olacaktır.

"BANA GERİ DÖN" ÇALIŞMASI

1 gün boyunca güzel bir kırmızı elmayı Güneş ışığı altında bırakın.

Gece bu elmanın üzerine iğne ile onun adını kazıyın. Bu elmadan bir ısırık alın.

Gece bu elmaya iğne batırın, o anda onun aklına bu batırma eyleminde olduğu gibi birşeyler soktuğunuzu imgeleyin, bu şekilde odaklanın. Şöyle deyin:

"Beni duy, beni anla, beni düşün,

Seni seviyorum ve istiyorum,

Bu iğne gibi etkiliyim seni çağırırken,

Onun battığı gibi hayatına giriyorum şimdi..." 3 gece üst üste ritüeli tekrar edin.

Tüm çalışma bittiği zaman beyaz bir kağıda kırmızı kalem ile aşka dair dileklerinizi yazın, yakın küllerle birlikte çalışmadaki elmayı üzerine yağmur suyu düşebilecek açık alandaki toprağa gömün.

AŞK IŞIĞI

1 Büyüteç

Onun resmi

1 mor mum

Ylang ylang tütsüsü

Mor yıldız (tam ortasına) çizilmiş A4 kağıt

Aşkınızın resminin üzerine büyüteci yerleştirin. Onun yüzüne ve enerjisine odaklanın.

Odadaki ışıkları kapatın, mor mumu yakın. Mor bilgeliğin rengidir. İçinize odaklanın, bu andan itibaren tüm soruları içinize sorun, cevaplar da orada olacak.

Geçmişte onunla ilgili olumsuz ne yaşandı ise bunları tek tek düşünüp kalbinizden çıkaracağınız mor ışık ile önce flu yapıp sonra yok edin. Affetmiş olduğunuza kesin olarak emin olduğunuz anda, çalışmaya başlayın. A4 kağıdın tam ortasına mor bir yıldız yapmış olun, yıldızdan arta kalan alanlarda da onun gözleri olsun. Aynı resim fotokopi ile çoğaltılabilir ya da farklı ona ait resimlerden bunları kesmiş de olabilirsiniz. Önce mor yıldıza sonra onun gözlerine en sonda da büyütecin altındaki ona bakın. Bu turu ağır ağır 7 kere dönün. Gece rüyanızda alacağınız bilgi ve mesaja dikkat edin.

AŞKIN ALTIN ÇAĞI

Altın bir muma gül yağı sürün ve bu çalışma ile aşkta yenilenme zamanını çağırdığınıza odaklanın.

Tarot destesinden "aşıklar" kartınız bulun ve tam karşınıza koyun. Sonradan altın muma dayayarak bulunduracağınız Aşıklar kartınıza pembe ışık gönderin. "Bu gece aşkı seçiyorum" olumlamasını tekrarlayın.

İki kısa pembe ipi bu esnada birbirine bağlayın, "artık bağlıyız biz aşkız" şeklinde odaklanmaya başlayın. İpleri sonra yakın. Yakmak yani ateş başlatmaktır. Bu andan itibaren ikinizi gezerken, evde tv izlerken, yemek yaparken ya da hangi resmin içinde isterseniz o şekilde düşünün ve kuvvetlice canlandırın.

5 gece devam edin. 5. gece mum bitmiş olmalı. Bir aşk günlüğü tutmaya başlayın, Aşıklar kartınızı bu günlüğün ortasına koyun, saklayın.

AŞK ÇEMBERİ SARDI DÖRT BİR YANIMI...

YATAK ODANIZDA yere tebeşir ile mümkün olduğunca büyük bir daire çizin. Çalışmayı bağdaş kurarak yapacaksınız. Daire tam 13 farklı mum ile donatılmalı. Mumlar kırmızı, beyaz, pembe olmalı.

Köprücük kemiğinize doğru 30 kere vuruş yapın.

Ardından iki kaşınızın başlangıç noktalarına doğru yine 30'ar kere vuruş yapın. Bu özel akupunktur noktaları ile çalışmak sizi uyaracak ve canlandıracak.

Hazır olduğunuz anda, iki avcunuzu yukarıya doğru açın sola avuca pembe sağ avuca yeşil ışık düşürün bolca... Yeterince ışık geldiği anda, bu ışıkları iki elinizi yakınlaştırarak karıştırın yeşil pembe bir ışık topu elde edin ve bu ışık topunu "sevgi ve ışıkla, inançla" aşık olduğunuz kişinin kalbine doğru gönderin. Onun kalbi size ve inancınıza göre ışığı aldığı anda, güzel bir nefes alın ve verin...

Şimdi aşkınızı düşünün... Hazır olunca onu pembe bir ışık topuna dönüştürün ve o ışığı da siz dairenin içinde kalbinize gömün.

"Bu gece ve tüm zamanlara doğru seninle olmayı seçiyorum..." Olumlamasını tekrarlayın.

ANAHTAR VE AT NALI

Pembe bir kutu satın alın.

Bu kutuyu bir aşk kutusu haline getirmek için ihtiyacınız olan malzemeler:

Anahtar

At nalı

Pembe gül yaprakları

Yüzükler (2 adet)

Onun ve sizin bebeklik resminiz

Küçük bir tülün içinde küp şeker, çörek otu, pirinç

Pembe Kuvars Kristali

Pembe ipek kumaş

Bu anahtar ile Yeniay ve Dolunay zamanları kilit açmalısınız.

At nalının üzerinde de daima sizin ve onun isimleri üst üste geçecek şekilde yazılı kalmalı.

Bu kutuyu ikinizden başka kimse ellememeli, açmamalı. Ayışığı altında da bekleteceğiniz bu kutuyu daima saklayın. Zamanla içine küçük aşk notları veya minik bir aşk günlüğü de eklenebilir.

SU VE AYRILIK

Deniz, nehir veya göle gidin. Su kenarında siyah kalem ile ayrılığa dair notlar alın, çektiklerinizi, ayrılık sebeplerini yazın, olumsuz ne varsa not alın.

Kağıda önce pembe sonra yeşil ışık gönderin, yazılara doğru. O olumsuz anları tekrar yaşayın. Acı kotanızı doldurmaya balın. Tekrar tekrar olumsuzu düşünün, isterseniz ağlayın, içinizi boşaltın. Acı eşiğiniz, kotanız size göre net şekilde dolduğu anda bu kağıdı sevgi ile "geride bırakmaya niyet ederek" suya bırakın.

Kağıt suyla gitmeye başlayınca, burnunuzdan nefes alıp ağzınızdan verin tam 28 kere.

Eve dönünce beyaz ve yeniye odaklanarak bir mum yakın. Dilek dileyin.

Gece uyurken beyaz bir barış güvercinini aşkınıza doğru sevgi ile gönderin.

İNCİR CEVİZ, SEN VE BEN...

Tatlı yiyelim tatlı konuşalım diye bir laf vardır ya, çok doğru. Yiyeceklerin de bir enerjisi anlamı vardır, yemeklerimizin içinde de semboller gizlidir. Ben ilk kitabımda "Sihirli Aşk Yemeklerimi" anlattığımda ve programlarda ritüelli yemek yapımını gösterdiğimde herkes dalga geçmişti fakat zamanla gerçek payı olduğu hem Uzman Psikologlar hem de Ünlü Şeflerce onaylanınca, aklandım diyebilirim. Bu bölümde yiyecekler ile yapılabilecek bir çalışmayı size sunuyorum.

İkinizin resimlerini yüzyüze getirin. İki resmin arasına 19 kere düğüm atılmış bir kırmızı ip koyun. Bu iki resmi katlayıp küçültün ceviz kabuğunun içine koyun. Bu resim 2 gece evde aşk köşenizde, 2 gece de Melek Köşenizde bekleyebilir. Ceviz esrarengiz ve gizemli, sırlarla dolu bir yiyecektir aslında. Aşk ritüellerinde büyük etkileri de olabiliyor. Bu çalışma için yine Yeniay zamanını tercih edebilirsiniz.

Son gece cevizi toprağa gömün. Yine eş zamanlı evde bulundurmaya başladığınız kurutulmuş incire 1000 defa "Ya Kısmet" deyin. Bu incir ile yapacağınız tatlı, kurabiye veya muhallebiyi sevdiğiniz kişiye yedirin, siz de tadın.

AŞK YÜZÜĞÜ

Yeni satın alacağınız bir yüzüğü, aşk enerjisi yükleyerek de takabilirsiniz.

Kalp şeklinde büyük bir kırmızı kağıt.

Ayna

Yeni aşk yüzüğünüz

Dolunay ışığı

Kırmızı gül yaprakları

Siyah kalem

Kırmızı mum

Güllerin yapraklarından odanızda yerde bir daire yaratın. Dairenin ortasında kırmızı mumu yakmaya başlayın. "Aşkı seçiyorum ve çağırıyorum, ben aşkım, ben tutkuyum" deyin ve amacınıza odaklanın. Yüzüğü takın. Gözlerinizi kapatın, Başmelek Ariel sevgi ve gerçek mutluluk benimle olsun, Allah'ın izni ile ışığını gönder, sevgi mesajlarını bekliyorum" deyip odaklanın.

Muma aşk ile ilgili tam olarak ne beklediğinizi iyice düşünüp toplu iğne ile kazıyın: sevgi, anlayış, tutku, sadakat, bağlılık, evlilik vb...

Mum ışığına odaklanın, ışık sağa sola hareket etmeye başlayacak ve içinizden doğru an geldiğinde bileceksiniz. O an, kırmızı kağıda siyah kalem ile tüm aşk dileklerinizi yazın, kağdı yakın. Yakmak harekete geçirmek başlatmaktır. Küller o gece dairenin içinde beklesin, hatta kristal bir objenin içinde beklerse çok daha etkili olur.

Dolunay zamanı bu çalışmayı yapmanızın sebebi "yoğunluk, tutku, bilinçaltı" etkilerini daha verimli şekilde çalışmaya katmak, yüzleşmek, inanmak için... Dolunay ışığı altında bu çalışmayı yapamıyorsanız, Dolunay ışığı altında çalışma bitimi zaman geçirmeyi unutmayın. Bu gecede kullanılan yapraklar kurutulmalı, atılmamalı. Tüm çalışmalar bitince uyumadan önce "gerçekleri yansıtması ve bilgi vermesi" için aynayı görebileceğiniz bir yere koyun.

Çalışmayı yaparken yüzüğünüze odaklanın, onun üzerine yüklediğiniz enerjiye inanın. Bize gelen yoğun talep ve teklifler doğrultusunda, "gerçek taşların üzerine" enerji çalışmaları yaptığımız gibi kendi hazırladığımız gerçek taşlardan oluşan takıların üzerine de enerji yüklüyoruz. Kişinin adı, doğum tarihi bu çalışmalarda bizim için önemli oluyor ve talebi. Aşk için çalıştığımız gibi, bereket, dilekler, başarı ve başka konularda da hazırlıyoruz, tüm Türkiye ve Dünya'ya gönderiyoruz.

KURŞUN YARASI

Kurşun dökmek nazar için gerçekleştirilen bir çalışmadır ama kurşun çok farklı başka amaçlar için de çalışmalar eşlik eder. Dolunay zamanı yine kurşun üzerine sevdiğiniz kişinin ismini ve sizin isminizi üst üste gelecek şekilde yazın, siz yapamıyorsanız yazdırın.

Bu kurşun Dolunay ışığı altında beklesin. O geceden sonra 21 gece bu kurşun ile uyuyun, yani yastığınızın altına koyun. 21 gecenin sonunda melek köşenize veya aşk köşenize geçirin kurşunu. Tüm bunlardan önce sırası ile kurşuna şu çalışmaları uygulayın:

1. Sol avcunuzda kurşunu tutarak kişiye dair beklentilerinizi tekrarlayın.

2. Kurşunun üzerine sırası ile mor, kırmızı, altın sarısı, pembe ışıklar düşürün.
3. Kurşuna çok az gül yağı sürün.
4. Kurşunu kalp çakranıza bastırın "sevgiye açıldım" diyerek tekrar edin.

Bu kurşunu sizden başkası ellememeli, kullanmamalı, çalışma gizlilik içinde yürütülmeli. Tüm çalışmalar bitince belirli bir süre geçince bir haber veya mesaj alabilmek için bu kurşunu ateşe de atabilirsiniz, aldığı şekli dikkatlice yorumlayın...

UZAKTAN BAĞLANTI KURMAK

Pembe bir mum yakın. En az 20 dakika onun resmine odaklanın.

Yatağa uzanın. Bu esnada rüzgar sesleri dinlemeye başlayın.

Ardından imgeleme-canlandırma tekniği ile onunla yıldızların altında bir göl kenarında buluşun. Yıldızların ve AY'ın ışığı altında aşkınız güçlensin.

Şimdi, iki elinizle onun iki elini tutun. Kalbinizden pembe ışık gönderin ona. Ardından, onun kalbinden sizin kalbinize doğru gelen ışığı ve rengini takip edin ve bu ışığı kalbinize alın. Bolca almaya devam edin... Ardından sarılın, bir olduğunu hissedin. Yukarıdan gelen kristal parlaklığında beyazsarı bir ışık şu anda ikinizin de üzerine düşüyor... Işık duşuna devam...

Sonra 2 adım geri gidin her ikiniz de ve onun elinden bir zarf gelecek. Bu zarfı kabul edin, zarfta her ne mesaj yazıyorsa o mesajı kalbinizden göndereceğiniz yine pembe ışık ile alın, eritin, kalbinize geri kabul edin. Geriye kalan tüm görüntüleri ilişki ve aşk bağlantınızda şifaya odaklanarak bol yeşil ışık gönderip yok edin. Bol bol nefes alıp verin, Kişisel Koruyucu Meleğinizden bu çalışma sonrası destek rica edin. Hemen ardından uyumalısınız, bu tarz meditasyon ve ritüellerden sonra tv izlemek ya da kitap, dergi okumak akışı bozar.

DEFNE VE AŞK

Bu uygulamayı aşkta güçlenme ve bağlılık amacı ile deneyebilirsiniz.

Deniz, göl veya nehirden taze su alın. Yağmur duyu da ekleyin. Bu çalışma esnasında altın rengi birşeyler takmak veya giymek, altın takı kullanmak güçlendirici etki yapabilir.

4 adet defne yaprağı alın. Her birinin üzerine onun ve sizin isimlerinizi yanyana gelecek şekilde kırmızı kalem ile yazın. Taze suyun içinde bu defne yapraklarını 19 dakika kaynatmaya başlayın. Kaynama başladığı anda altın rengi bir mum da bir yandan yanmaya başlasın...

"Aşkta güçlenmeye, bağlılığa, sadakate, anlayış ve tutkuya" niyet ediyorum deyin, 7 kere tekrar edin.

Defne yapraklarını güzel bir gül fidanı ile birlikte ardından bahçeye gönün. Bu gül büyüdükçe aşkınız da güçlenecek. Gül fidanını diktiğiniz yerin bir fotoğrafını da çekin, bu resim enerjiyi yaşatmak-büyütmek-hatırlatmak için daima odanızda başköşede dursun.

BALKABAĞI AŞK ÇALIŞMASI

Çok büyük olmayan bir balkabağı alın. Kırmızı bir mum yakın, çalışma için Dolunay zamanı uygundur. Mum yanmaya başladığı zaman çalışmaya başlayın. Sorun yaşadığınız, geri gelmesini istediğiniz ya da sizi aramasını temenni ettiğiniz aşkınızı düşünün.

Beyaz bir kağıda kırmızı mum ile onunla yaşamak istediklerinizi yazın. Kağıdı yakın, külleri kenara ayırın. Balkabağını parçalamadan oyun, çekirdeklerini alın. Çekirdeklerin üzerine onun ismini söyleyin, çekirdekleri yakın. Yanma esnasında "seni çağırdım, sana inandım, seni istedim, bunu böyle bildim" deyin ve odaklanın.

Yanmış çekirdekleri, onun resmini ve külleri birlikte tekrar balkabağının içine koyun. Onu odanızda yüksek bir yere asın. Her gece bu balkabağına doğru sevgi enerjisi gönderin, pembe ışık yollayın. Balkabağı asıldığı yerde kuruyacak. Tamamen kuruduğu zaman düştüğü andan sonra gelecek aşk haberini bekleyin.

TANRIÇANIN TUTKU GÜCÜ İLE...

Çalışmayı yapacağını odaya yağmur suyu serpin.

Cuma günü Venüs günüdür, bugün yapacağınız çalışma için malzemeleri geceden hazır tutun.

Ortamda kuş resimleri ya da kuşlu obje ve süsler de bulundurun. 5 adet kırmızı düğmeyi yine kırmızı bir ipe aralıklarla dikin. Bu haklaya saçınızdan da 3 tel ekleyin. Bu halkayı daha sonra merkezine Pembe Kuvars Kristali yerleştirdiğiniz yuvarlak pembe ipek bir kumaşın etrafına yerleştirin.

2 adet yan yana duracak pembe gülü de bu ritüelin ortasına koyun.

21 gün boyunca bu çalışmayı bozmadan tutun, koruyun.

Bu köşede kullanabileceğiniz olumlama cümleleri:

"ben aşkı seviyorum, aşkı yaşamıma kabul ediyorum, ben aşka bu gece ve tüm zamanlara doğru yaşamımda olduğu için teşekkür ediyorum..."

AŞK MEKTUBU

Sakin bir şekilde odanızda oturun ve bağlantınızı kaybettiğiniz, sizi artık aramayan, haber alamadığınız, yeniden birleşmek istediğiniz kişinin adını içinizden tekrarlayın.

Beyaz bir kağıda geçmişte onunla yaşadığınız olumlu anlar, güzel hatıraları, size göre olumlu olan anıları, unutulmaz detayları yazın... Yazarken varsa veya alabilirseniz YAKUT taşı takın, kullanın.

Beyaz kağıdı yine yenilik ve saflığı simgeleyen beyaz zarfa koyun. Zarfı kapadığınız noktaya (üçgenin ucu) onun ve sizin isimlerinizi yazın alt alta. Bunu bir aşk mührü gibi düşünün.

"AŞK İLE MÜHÜRLEDİM,

ADINA AŞK DEDİM BU BAĞIN,

SANA İÇİMİ DÖKTÜM,

*HABERİN GELECEK BANA İNANDIM..."*bu sözleri tekrar edin kapatma anında...

Bu mektubu yatak odanızda 1 gece aşk köşenizde, 1 gece melek köşenizde bulundurun.

Ardından mektubu cama yapıştırın.

3 hafta geçmeden kendi iç sesinizle ondan haberler alabileceksiniz ya da aracı olan bir kişi size ondan haber getirecek. Bu çalışma ile birlikte uzaktan ona hep enerji gönderin, aşk bağlantısı kurun ve onu anın. Arayacağına veya haberin geleceğine inancınız tam olsun.

AYNI YILDIZLARIN ALTINDAYIZ SENİNLE...

Yıldızlı ve güzel bir gece, iyi ve yoğun hissettiğiniz bir anda yıldızların altında çalışmaya başlayın.

Dünyanın merkezide olduğunuzu düşünün.

Çıplak ayakla toprağa basın, toprağı hissedin. Nefes alıp verin havaya şükredin. Çakmak çakın ve ateş elementini hatırlayın. Su kenarında iseniz suya bakın veya ayağınızı sokun, değilseniz yanınızda bulunduracağınız suyu biraz toprağa dökün...

"Yıldızlar ışıkları ile bana bu gece rehber oluyor,

Bu gece rüyamda seni göreceğim niyetim budur,

Şimdi evrenle bir oldum, yıldızları şahidim kıldım,

Aynı yıldızların altındayız, uzaklar yakın olsun..."

Yukarıdaki sözcükleri tekrar ettikten sonra, bağdaş kurun, gözlerinizi kapatın ve yıldızların ışığı ile ışık duşu yaptığınızı düşünün. Önce mor, sonra sarı ışık topları içinde enerjinizi büyütün.

Ardından, aşkınızı karşınıza getirin, "seni seviyorum, seni bekliyorum, sana inanıyorum" deyin onun gözlerinin içine bakarak... Tüm çalışma tamamlanınca eve dönün.

Evde gül yağı ve limon yağı ile tütsü yapın, uykuya dalın. Rüyanıza dikkat edin...

AŞKA BIÇAK KESTİM...

Büyük bir bıçak alın... Gece yarısından sonra bu bıçağın her iki tarafında kurşun kalem ile ikinizin isimleri üst üste gelecek şekilde yazın.

Aşkı, saflığı, Havva'yı simgeleyen bir kırmızı elmayı bu bıçak ile tam ortadan kesin. Bu elmanın bir bölümünü O, diğerini siz yemelisiniz. Ardından elmanın içinden çıkmış olan ve ayırdığınız çekirdekleri o gece toprağa gömün. Ertesi gece yine ışıktan bir büyük bıçak imgeleyerek aranızda gelişmiş olan eterik kordonları (sizi olumsuz etkileyen enerji geçişlerini) kesin.

Son gece bir toplu iğne ile ikinizde birer damla kan akıtın. Bu kanları da içine katarak 3 farklı kırmızı meyva ile şerbet hazırlayın: böğürtlen, çilek, kızılcık gibi veya sizin seçtikleriniz. Biraz limon suyu, zencefil, toz şeker de ekleyin, kan damlaları da içine olacak. 40 dakika kaynatın ve hazır olacak. Bu şerbetten ikiniz de içmelisiniz, suyunu çok koymayın kaynatma anında çünkü ikinizden başkası içmemeli...

Ay etkisi ile yapılan tılsım ve çalışmalar, her zaman daha etkili...

Ay ve Ay'ın gizemli ve güçlü etkileri biz mistikler için çok önemlidir. Bu bölümde sizlere Ay'dan etki alarak nasıl daha özel ve alımlı olacağınızı anlatacağım. Ay, astrolojide ve metafizikte duyguları yönetir. Ay'ın etkilerini doğru şekilde yaşamınıza çağırarak çok ilginç baştan çıkarma sonuçlarını siz de elde edebilirsiniz...

AYIŞIĞI TERAPİDİR...

Öncelikle Ay ile tanışmalısınız. Tam 1 ay boyunca Ay'ı izlemeli, takip etmeli, ışığı ile içsel farkındalığınızı su yüzüne çıkarmayı başarmalısınız. 1 ayınızı kesin olarak bu işe ayırın. Ay'ı tanımak için harcayacağınız bu 1 aylık süre içinde öze dönüş ve derinleşmeyi yaşamınıza çekeceksiniz. Ay'ın tüm halleri ve boyutları size sizin içselliğiniz, aşka bakışınız ve baştan çıkarma arzunuz ile ilgili farklı detayları yansıtacak. Bir Ay Günlüğü hazırlayın ve 1 ay boyunca düzenli her gece Ay'ın size "hissettirdikleri" hakkında notlar tutun.

Bu çalışmalar bireysel olarak yapılır. Partner ya da grup olmasın, siz ve Ay başbaşa olun. Ay hangi duyguları sizde uyandırıyor, Ay sizi ürkütüyor mu kendine mi çekiyor, Ay ile aşk arasında siz günler geçtikçe nasıl bir bağ kuruyorsunuz, Ay size neleri fısıldıyor, Ay ışığı altında geçen gecelerinizden sonra, baştan çıkarıcı yanınız nasıl gelişti... Tüm bu sorulara ve daha fazlasına süreç içinde Ay Günlüğünüzde şaşkınlık içinde takip edeceğiniz notlar alacaksınız. İçinde Ay olan bir şiir yazın, aşkınıza Ay konulu neyi anlatmak isterdiniz bunu tasarlayın, Ayışığında baştan çıkarmak sizde nasıl yaratıcı ritüelleri uyandırıyor, bunları bulun.

Ayışığı altında iken gözlerinizi kapadığınız zaman, neler imgelemeye başladığınız çok önemlidir. Bunları da not alın ve süreci yine takip edin. Ay Terapisi sizi masalsılık, mistiklik ve farkındalık anlamında o kadar çok geliştirecek ki bu sizin baştan çıkarma şeklinize de yansıyacak. Ayışığında çok sırlar gizlidir, bu ışık en çok da sizin kendiniz ile yüzleşmenizi sağlar. Size çok özel ve sırlarla dolu bir güç verir.

DOLUNAY ZAMANLARINI KAÇIRMAYIN, ENERJİLERİ DOĞRU KULLANIN.

Dolunay, Güneş ve Ay'ın tam aksi yönlerde ve dünyanın ikisi arasında kaldığı sırada gerçekleşir.

Dolunay 28 gün ila 29,5 gün arası bir zamanda tekrar eder. Siz de kendinizi Dolunay'ın gizemli ve esrarengiz etkilerine bırakın. Dolunay ışığında malzemeleri bekleterek yemek yapmak ya da yemeği Dolunaylı bir gecede pişirmek aşk yaşamınıza enteresan sonuçlar katacak. Baştan Çıkaran Aşk Yemekleri bölümümde bunları detaylı okuyacaksınız. Dolunay dönemleri aşkta en tutkulu süreçleri de beraberinde getirir. Eskiden cadılar Dolunay'lı gecelerde çıplak bir şekilde Dolunay banyosu yaparmış, Güneşlenmekle arasında çok da büyük bir fark yok. Dolunay ışığı ve enerjisi sizi derin, duygusal, yaratıcı, ilham dolu ve tutkulu yapar. Sizin tüm bunlara baştan çıkarma sürecinizde ihtiyacınız olacak.

Baştan çıkartıcı olmanız için çekici de görünmelisiniz. Öncelikle kilo vermek istiyorsanız, Dolunay ile birlikte diyete başlarsanız daha iyi sonuç alırsınız, ayrıca Dolunay'da bol su içmek, doğal yollarla toplanan bitkileri tüketmek de sizi derinlikli ve fiziksel olarak da daha olumlu hale getirir.

Kuvars kristalleri, lal taşlarını, Aytaşını ve ametistleri pozitif enerji ve arınma için kullanıyoruz. Bu taşların aşka da etkisi vardır. Dolunay gecesi taşlarınızı arındırabilirsiniz. Bu taşlarla gideceğiniz buluşmalar çok daha olumlu ve tutkulu geçecektir.

Ayrıca iddialı bir Dolunay gecesindeki buluşmada, daha değişik duygu ve sonuçları çağırmak için yakut veya safir de takabilirsiniz.

Taşlarınızı aldıkları negatif etkiden arındırmak için, onları Dolunay ışığını alabilecekleri açık bir yerde bekletin, mümkünse tüm gece... Mesela bahçenizde ya da balkonunuzda tüm gece ay ışığı ile yıkanmalarını ve enerji yenilemelerini sağlayın. Ay, manyetik gücü, Güneş itici gücü temsil eder. Dolunay'da açık havaya çıkıp kimsenin göremeyeceği bir yerde ellerinizi Ay'a doğru uzatın, avuçlarınızdan Ay'ın manyetik gücünü bedeninize çekin. Bu çalışmayı yaparken derin nefes alıp verin. Farkındalık ve içsel gelişim adına bir adım attığınıza inanın. Siz ne kadar gelişirseniz, baştan çıkarma gücünüz de o kadar ilerler.

Ay, tam olarak dişiliği temsil eder. Mitolojide de Ay kadın, Güneş erkektir. Daha kadınsı hissetmek için Ay ile çok derinlikli bir ilişki kurmanız gerekir. Ay'dan alacağınız enerji ile daha doğru ve sezgisel karar vermeyi öğreneceksiniz.

Daha baştan çıkarıcı hissetmek için Dolunay zamanı kamelya, gül, yasemin, menekşe, gelincik toplayın veya satın alın; bunlarla ister çay hazırlayın, ister tütsüsünü yapın. Aşkınız gelmeden önce atmosferi bu güzel çiçeklerle daha kışkırtıcı kılın. Banyo suyunuza Ayışığında bekletilmiş su katın, önemli kararlar almadan önce, Ayışığı altında iyice düşünün.

2014 Dolunay Takvimi

16 Ocak Perşembe

14 Şubat Cuma

16 Mart Pazar

15 Nisan Salı

14 Mayıs Çarşamba

13 Haziran Cuma

12 Temmuz Cumartesi

10 Ağustos Pazar

9 Eylül Salı

8 Ekim Çarşamba

6 Kasım Perşembe

6 Aralık Cumartesi

2014 Yeniay Takvimi

1 Ocak Çarşamba, 30 Ocak Perşembe

1 Mart Cumartesi

29 Nisan Salı

28 Mayıs Çarşamba

27 Haziran Cuma

26 Temmuz Cumartesi

25 Ağustos Pazartesi

24 Eylül Çarşamba

23 Ekim Perşembe

22Kasım Cuma

22 Aralık Pazartesi

Ay dünyanın etrafındaki turunu yaklaşık 28 günde tamamlar. Her burçta yaklaşık 2.5 gün geçirir. Her burçtan geçerken farklı gezegenlerle açıları söz konusu olur, etkileri ise birkaç saat hissedilir. Ay, burç değiştirmeden önce belirlediği gezegene son önemli açısını yapar ve yeni bir burca geçene kadar boşlukta kalır. Ay boşluktayken aşka dair karar almak için çok iyi bir dönem değildir. Ay'ın boşlukta olduğu bu aralıkta, siz de kendinizi duygusal anlamda boşlukta hissedebilirsiniz.

Bu süreç içinde başlayan aşklarda baştan çıkarma sonuç vermeyebilir. Ay boşlukta iken varolan bir ilişkide bile rölanti bir süreç yaşanır. Şartları zorlarsanız ayrılık da olabilir. Önemli aşk kararları ve yeni bir baştan çıkarma taktiği için Ay'ın boşluktan çıkmasını ve daha etkin bir duruma gelmesini bekleyin, bu arada içe dönün ve yeni yaratıcı tarzlar belirleyin.

Ay, en derin duygularınızı saklar ve simgeler. Karakterinizin ince ve bilinmeyen yönlerini, içgüdülerinizi, duygusal yanınızı, sezgisel yaklaşımınızı ve anlık ama gerçek tepkilerinizi yönetir Ay... Aynı zamanda iç dünyanızın sırlar dolu o çok derin boyutları da Ay ışığı ile beslenir... Ay, dişi bir enerjidir. Güneş ise erkeklik ile örtüşür. Bu hem simge bilim hem de mitolojide böyle kabul görür.

Ay, sizin bilinçaltınızı anlatır... İsteklerinizi yönetir... Ay, sizi hiç olmadık anlarda hiç olmadık yönlerinizle de yansıtır. Duygusal gelişiminizi Ay etkiler, bir ilişkinin veya baştan çıkarma sürecinin Ay'ı hangi evresinde başladığı önemlidir. Doğum haritanızda, güçlü ve iyi bir yerleşime sahip Ay, size ihtişamlı bir duygusal yapı, tutku, ihtiras, aşk gücü verir. Kendi duygularınızı keşfetme yeteneğiniz Ay'la ilişkilidir.Her ay, Yeniay'dan iki hafta sonra bir de Dolunay'ı yaşarız. Dolunay'ın yıldız haritanızda düştüğü yerlere dikkat edin, birçok aşksal dönüm noktasının ya da baştan çıkarma temelinin oralarda yattığını hayretle göreceksiniz...

Ay tüm burçlar üzerinde etkili ama en çok Yengeç burcunu, Su grubu burçlarını yönetir. Haftanın günlerinden Pazartesi, Ay için özeldir... Bir Ay Ritüeli deneyecekseniz veya yoğunlaşacaksanız Pazartesi gecesi uygundur. Ayışığı net olarak ritüelinize eşlik etmeli, Dolunay veya Yeniay özellikle...

Tarot okumalarıma tam 18 senedir profesyonel olarak devam ettiğim için, kartlarım bu yıllar içerisinde benim herşeyim olduğu için, kartları tılsım ve enerji çalışmalarımda, ritüellerimde de sıkça kullanırım. Binlerce kişinin, olayın, konunun, ülkenin enerjisini taşıyan 18 yıllık destem ile çalışma yaparken sadece geçmiş-bugün-gelecek yorumları yapmam, onların üzerindeki sembollere de odaklanırım. O an hangi detay veya şekil kağıt üzerinde ilgimi çeker, odağıma gelirse ondaki gizli mesajı bulmaya çalışırım. Olmasını istediklerimi düşünüp ona en uygun kartı seçer gece bu şekilde uyurum, yastık altı kart çalışması yani... Benim yolculuğum Tarot yorumlarım ile başladığı için bu destem benim için özel ve eşsizdir, her daim rehberdir... Tarot destesindeki AY kartı en sevdiklerimden...

YATAK ODASI İLİŞKİNİN AYNASIDIR...

Bu bölümü anlamak ve "spiritüel seks" ile tanışmak, seksin içindeki duygusallığı ve ruhsallığı çözebilmek için AŞK VE CAZİBE AKADEMİSİ'ndeki "tantra ve kama sutra" bölümlerini iyice okuyun, hatta çalışmaları uygulayın.

Erkeklerin aldatmalarının büyük yüzdesi cinsellik odaklı. Türkiye'de kadınların ise cinsel anlamda çok yaratıcı olduğu söylenemez. İlişkinin başlarında özellikle de yanlış zamanda ilişkiye girmek de ölümcül bir hata... Bir kişinin korkularını, iç dünyasını, gerçek kimliğini, hayattan beklentilerini tabi ki yatakta çözme şansınız var. Birçok çift fikren anlaşamaz ama yatakta mükemmel uyum sağlar.

BU MASAJ YAĞI İLE ONU BU GECE BAŞTAN ÇIKAR!

Gül yağı

Kişniş yağı

Ylang ylang yağı

Vanilya çubuğu

Tüm yağlardan 8 damla alın, kırmızı renk bir cam şişeye dökün.

Bu şişeyi 1 gece Dolunay ışığı altında ağzı açık kalacak şekilde bekletin.

Vanilya çubuğunu bütün olarak koyup bekletmeye devam edin...

Sırt bölgesinden başlayarak masaja başlayın.

Gerisi size kalmış...

AFRODİZYAK YİYECEKLERLE ONU KÖŞEYE SIKIŞTIR!

Yemeklere karanfil tozu eklemek kadınların cinsel isteklerini artırır...

Yulaf cinsel bölgede haz enerjisini artırır...

Meyan kökü, kadınlar için uyarıcıdır.

Rezene çayı sizi bir aşk gecesine gevşeterek ve sevgi ile hazırlar...

Çikolata, beyinde serotonin seviyesini artırır. Mutluluk haplarından daha etkilidir.

Antep Fıstığı paha biçilemez bir afrodizyak kamçıdır...

Meşhur MESİR MACUNU: karabiber, karanfil, anason, bal, kebabe, kimyon, şeker ve tutku katılarak hazırlanır...

Ginseng: tüm Çin yanılıyor olamaz!

Susam yağı: en erotik yağlardandır kendisi...

İstiridye, tükettiğiniz anda etkiler başlar. Cinsel isteği dorulara taşır...

Pekmez; cinsel soğukluk çekenler kaşık kaşık tüketebilir...

TILSIMLI AFRO-TARİF: pekmez, ceviz, badem, zencefil, ginseng kökü, zerdeçal, gülsuyu... Kristal kasede, yasemin yağı tütsüsü eşliğinde yemelisiniz...

BOMBA AŞK MACUNU: çekirdek, kayısı, çam fıstığı, safran, bal, arı sütü, kişniş, zencefil, fındık, hindistancevizi.

Afrodizyak kelimesi AŞK TANRIÇASI Afrodit'ten geliyor. Güzel bir cinsel yaşam için, sigara ve alkolü azaltın. Stresten ve kaygılardan uzak durun. Cinsel mutluluğu belirleyen ana konu: psikoloji elbette... Yaşamınız olumsuz konularla dolu ise cinsel yaşamınız pek tabi iyi gitmez. Türkiye'de kadınların büyük bir yüzdesi cinselliğe karşı soğuk bir bakış açısı geliştirmiş durumda. Çoğu kadın orgazm olamıyor ve bunun ana sebebini bile merak etmiyor. İlişkide sevgi ve tutku yoksa afrodizyak takviyeler de işe yaramaz.

İlişkinizi daha iyi hale getirebilirsiniz ama cinsellikte eksik yanlar kalırsa bu yine tam bir ilişki olmuş sayılmayacak. İlişki geliştikten sonra veya evlilik olunca, birtakım konular yerini tutkudan alışkanlığa bırakıyor. Para kazanma derdi, çocukların sorunları, ailelerin müdahaleleri, başka dış etkenler ilişkiyi, aşkı, cinselliği bozuyor. Cinsellik bir iletişimdir. Hatta bazı çiftler duyarsınız belki de siz de onlardan biri oldunuz; ilişkileri ilişki gibi değildir ama yatakta mükemmel bir beden dili, mükemmel bir konuşmadan anlaşma enerjisi, bir hissetme ve derinden bir olma enerjisine geçerler. Eşler birbirlerine nasıl yaklaşacağını çok iyi bilmeli. Sevgi gösterilmeli, bazen oyunlar da olmalı. Yenilik de katılmalı fantezi de...

Cinsel yaşamda sadece bedenler birleşmez, ruhlar da birleşir. Ön sevişme konusu özellikle kadınlar için çok önemli, yapılan birçok araştırmaya göre kadınlar ön sevişme konusuna eğilmeyen erkeklerden şikayetçi. Mutlu bir kadın, eşine gerçekten ilgi ve hayranlık duyan bir kadın ard arda ve kontrollü bir şekilde orgazm da olabilir. Bunu tam olarak yaşayamıyor ve orgazm taklidi yapıyorsanız, bunun ardında yatan korku ve paylaşma sorununu, cinsellikte aranızdaki bağda oluşan zedelenmeyi bulmalısınız. Şiddet konusu da kadınları cinsel yaşamdan tamamen uzaklaştıran bir konu ve Türkiye için kanayan bir yara. Çok iyi eğitimli, çok güzel ve çok iyi kalpli danışanların "kocamdan dayak yedim" şeklide dolu gözlerle yaptıkları açıklamalar çok acı. Eğitimli erkekler de sanılandan çok şiddete eğilimli.

Alo 183 KADIN & ÇOCUK ŞİDDET DANIŞMAN HATTI

AİLE İÇİ ŞİDDET HATTI 0212.6569696

Aşk ve Cazibe Akademisi'nde de bahsettiğim TANTRA konusunu detaylı ve zaman harcayarak ele alırsanız ilişkinizde büyük farklılık yakalayabilirsiniz. Tantra'da "an" önemlidir, geleceğe yoğunlaşılmaz. Bir yaşam biçimi olan Tantra'nın derin bir felsefesi vardır, bu enerjiyi cinsellik dışında yaşamın her alanında da kullanabilirsiniz. Tantra sevginizi büyütür, doğanıza dönersiniz. Tantra ayrıca daha gerçek bir siz'i ortaya koyar. Tantra sizi ilişkide dingin ve olgun başka bir boyuta taşır. Tantra yaşama daha coşkulu bakmanızı sağlar ve bu cinselliğinize de yansır, korku biter sevgi başlar, daha törensel ve ayinsel bir atmosferde geçen cinsel deneyimler sizi yaşamın diğer alanlarında da motive eder. Tantra, engel ve blokajları geride bırakmaktır. Tantra ruhsal gelişimdir, odaklanmak, farketmek ve mistik mutluluğu kucaklamaktır...

10. BİLİNÇALTIN AŞK HAYATINI YÖNETİYOR

Hayatlarımızı, aşk ve ilişkilerimizi bilincimiz değil bilincimizde olmadığımız biz yönetiyor. Bilinçaltı daha doğru bir ifade ile "bilinçdışı" yönetiyor...

Evrende çok büyük bir bilgi birikimi var. Kolektif bilinç dediğimiz ortak bilgi havuzu ile bu büyük bilgiden nasibimize düşeni alarak doğuyoruz. Küçükken izlenen bir film, okunan bir kitap, anne-babadan alınan kodlar, çok sessiz dingin bir anımızda yerleştirdiğimiz bir inanç şekli biz bilmeden tüm hayatımızı yönetebiliyor. Kendimizi tanımak "bilinçdışımızdaki biz"i keşfetmek ile mümkün.

Hepimiz bildiğimizden gördüğümüzden çok daha mükemmel varlıklarız. Allah bize ruhundan üfledi ve bizi çok seviyor, o halde biz de kendimizi çok seviyor olmalıyız. Sevmek bana göre keşfetmekle, kök sebepleri bulmakla başlıyor. Kendinizi kısıtlı sanmayın, yaşadığınız her olumsuzluğun, derdin, tekrar eden konunun bir kök sebebi var. Bunu bulmak şifaya ulaşmak herkesin elinde. Siz çok büyük bir enerjisiniz, büyük bir mıknatıssınız. Herşeyi kendinize çekebilirsiniz ve dönüşebilirsiniz. Allah her bir kuluna kendi ruhundan üfledi ve bu paha biçilemez bir değer. Siz eşsizsiniz, herşeye yetecek gücünüz var. Gereksiz suçlar ve anlamlar yüklemeyin kadere, evet mutlak bir kader var ama size bağlı bir kader, yol planı da var.

Aşk ve ilişkilere dair olumsuz bir gelişme yaşadığınızda,

BUNU DÜŞÜNÜN...

NEDEN BUNU ÇEKTİNİZ KENDİNİZE BUNU BULUN...

SORGULAYIN...

ARAŞTIRIN, KIYASLAYIN...

KONU sizinle ilgili, dışarıda hiçbirşey yok. Zaten yaşadığınız herşeyin sorumluluğunu aldığınız anda, yaşamınıza mucizeler akmaya başlayacak!

Algıladığınız herşey belirli frekanslarda titreşen enerjilerden oluşuyor, siz de bir enerjidir. Enerjisini gerçek anlamda doğru kullanan biri asla aşkta ilişkisinde kaybediyor olamaz. Korktuğunuz şeyler çok hızlı bir biçimde size çekilir, bir de çok istedikleriniz. Enerjimizle çeker ve iteriz. Olmayan bazı şeyleri aslında siz istemediniz ama belki bunun farkında bile değilsiniz.

Her geçen gün Dünya'nın titreşimi farklılaşıyor, bizler de bunlardan nasibimizi alıyoruz. Eskiden birçok olumsuzluğa boyun eğerek yaşayan insan, şimdi hayatının değerini biliyor kendine yaşadıklarına sahip çıkıyor. Aslında sandığımızdan güçlüyüz, sorun bizden kaynaklı ise çözüm de bizde. Biz istersek olur. Aldatıldıysak, yalnızsak, o gittiyse, evlenemiyorsak bunun bizden kaynaklı olduğunu bilmek size büyük güç ve anlam yüklüyor olmalı. Günümüzde çok sayıda insan "metafizik ve spiritüel" konularla ilgili ve bu alanlarda çalışmalar da yapıyor. Bu durum da olumlu anlamda yaşadığımız gezegenin titreşimini değiştiriyor. Bir gün gelecek hepimiz telepatik güçlerimiz ile daha güzel ve doğru bir iletişimde olacağız. Yalan ve savaş olmayacak, sadece sevgi olacak. Uzaylılar ve Melekler bize daha net mesaj verecek. İnsan ÖZ'üne dönecek.

ZİHİN...

1. BİLİNÇLİ ZİHİN... şuur
2. BİLİNÇDIŞI... şuursuzluk

Bağımlı hallerimiz bilinçaltımız tarafından yönetilir.

Bana danışmak için gelen birçok kişi bağımlı olduğu ilişkisinden, bağımlılık duyduğu kişiden, "mantığımla bu ilişkinin bitmesi gerektiğini ben de biliyorum ama sanki elimde değil gidemiyorum" hallerinden bahseder. Bu durum bilinçdışı ile ilişkili. İçinde bulunduğunuz durum her ne olursa olsun, bugün hemen olmasa bile siz şimdi inanmasanız bile, bilinçaltının olumsuz kayıtlarına rağmen, niyete girerek değişim adına adım atmakla başlayacak yaşamınızda herşey.

Bizleri bilinçaltımız yönetir, bilinç bilinçaltına göre daha büyüktür ama bilinçaltımızın sandığımızdan daha büyük rolü var yaşamlarımızda...

Seçimler, farkındalık ile atılan adımlar bilinçle ilgilidir. Asıl amaç ve konu ise bilinç gücümüz ile bilinçaltımızı formatlayabilmek, sorunların köküne inebilmektir. Şuursuz eylemler bilinçaltı ile ilgilidir. Halk arasında anlamı çok iyi bilinmeden kullanılan başka bir kelime "ego"ya gelelim: ego bilinç ile bilinçaltı arasındaki geçişte çok önemli bir görevi olan koruyucudur.

EGO'nun görevi; değişime engel olmaktır. Siz ne zaman değişime niyet etseniz gelir ve "boşver" der sizi durdurmaya çalışır. Ego sizi korkutur, sizi korur gibi yaparken sizi geçmişte tutar. Değişime engel olur. Ego, bilincinizden bilinçaltınıza değişim akışını kesmek için elinden geleni yapar, sizi tutar. Ama bunun da bir çaresi var: ALFA BOYUTU. Değişim bilinçaltımızda olacaksa, bunu yapabilmek için uyku-uyanıklık arasındaki alfa boyutu zamanını kollamalıyız. O esnada bilinçaltının kapısı EGO tarafından korunmaz ve içeri sızmamız gayet kolay olur. Alfa boyutunda rahatça yeni kayıtlar yapılabilir. EGO aslında kötü niyetli değildir, bizi korumak ister. Tüm bu bahsettiğimiz kavramlara ihtiyacımız var hepsi bir amaca hizmet ediyor.

Aşkta, ilişkilerde verdiğinizi düşünülmemiş kararlar her zaman bilinçaltı ile ilişkili. Kayıtlı ama aslında değişmesini istediğimiz kodlarla hareket ediyoruz yaşamlarımızda... "ben maço erkek seviyorum!" derken belki de aslında bu adamların baskın, bencil, seksist yanları sizi itiyor hatta itmeli ama kim bilir nereden aldınız bu kodu da hala bilinçaltı bu inancı tutuyor, sizi değişimden alıkoyuyor. Tekrar tekrar yaptığımız şeyler, davranışlar artık üzerimizde otomatikleşiyor, bir süre sonra onları düşünmeden yapıyor ve yaşamımızın bir parçası olarak kabul ediyoruz.

BUNLARA DİKKAT EDİN!

1. AŞK DİZİLERİ alfa boyutuna yaklaşırken evimizde TV açıkken kayıt yapıyor olabilir...
2. Değişim dönüşüm çalışmalarında sabır ve azim çok önemlidir.
3. Bilinçaltına rağmen değişim kararını şimdi alın gitsin!

4. Değişimi gerçekten isteyin, kalıplarınızı yazarak belirleyin.
5. Bilinçaltınız herşeyi görür bilir.
6. Bilinçaltı sandığımızdan daha çok ve daha hızlı kayır yapar.
7. Aşkınızla siz iki bilinçaltı olarak da iletişim halindesiniz, ikinizin bilinçdışı da irtibatta.
8. Bilinç farkında olmadan bilinçaltı her an kayıtta olabilir.
9. Saniyeler içinde bilincin yapabildiği kaydın 100 katından fazlasını bilinçaltı yapabilir.
10. Bilinçaltı bizi sezgi yolu ile uyarır.

Olumsuz düşünmek ve olumsuz enerji üretmek kendiniz için yapabileceğiniz en kötü şey... Artık 3 lafın 1'i haline gelen "olumlu düşünmenin önemi" gerçekten tartışılmaz. Önce iyi şeyler varmış ya da oluyormuş gibi kendinizi kandırın, zamanla bu iyi şeylerin yaşamınıza akması için bir kapı açmış olacaksınız. Hepimizin bilinçaltları birbiri ile bağlantıda. Bunu unutmayın Aslında herşeyi biliyoruz ama bilmediğimizi sanıyoruz. İlişkinizde "adam beni aldatır mı dediğiniz anda" adama beni aldat komut ve sinyalini de siz vermiş oluyorsunuz. İçinizden sorduğunuz aşka, ilişkilere ve her soruya dair cevap evrenden gelir, o soru evrene ulaşır. Yaşayacağınız bir olay ya da gelecek bambaşka bir haber ile konu ile ilgili zamanında mutlaka bilgilendirilirsiniz. Bilinçaltınız aşkınızın da bilinçaltına mesaj gönderiyor, oradan bilgi alıyor, iletişimde kalıyor, zihinlere mesajlar gönderiyor.

Enerjinizi yükseltin:

Namaz kılın.

Toprakta yürüyün.

Su ile yakın olun.

Doğada zaman geçirin.

Bebekleri sevin.

Meditasyon yapın.

İçe dönün.

Evren sınır koymaz, evrende herşey her zaman sınırsızdır. Sınırları biz koyarız.

Kendi gücünüze inanın, Allah size ruhundan üfledi.

Gücü dışarıda veya başka yerde arasanız, o istedikleriniz size gelemez. Güç sizde, siz Güç'sünüz.

Bilinçaltımız bize hep itaat eder, "gerçekten neye inanıyorsak onu bize sunar..."

İnandığını yaşarsın, yaşadığın senin inançların. Hepsi de değiştirilebilir...

Karşılığını vermeden bir şey almayın, karşılığını almadan bir şey vermeyin. Aşk da buna dahil... Karşılıksız aşk kişinin kendini, gücünü reddetmesidir, yıkımdır.

Kararsız kalırsanız, enerjiler kafasına göre takılır, baskın enerji kazanır. Aşkta mutlaka bir yol planınız olmalı. Kararsızlık kaybettirir.

"istiyorum" demeyin, istiyorum demek hep ertelemek zamanını bilmemektir. "İstiyorum" bilinmeyen bir gelecek ve ertelenme enerjisi yaratır. "Ben aşka sahibim" diyebilirsiniz ya da "oldu" enerjisini kullanın.

Aşkın, evliliğin, ilişkinin "nasıl" geleceğine yakılmayın, o yolunu bulur. O detaylara takılmak akışa güvenmemektir. Siz sadece siparişi verin. Ne istediğinizi bulun.

Şimdi gidin ve bugüne kadar "aşkla ilgili yaşadıklarınıza" şükredin. Şükür aşkta size yeni kapıları da açar.

Her gece yatmadan önce ve sabah uyandığınız anda "aşka dair" ne istiyorsanız canlandırın. İstemek yetmez, canlandırmak büyük bir takviyedir. (alfa frekansı- uyku uyanıklık arası, bilinçten bilinçaltına geçiş...)

Eski aşk deneyimlerinize odaklanırsanız benzer aşk sorunlarını davet edersiniz.

Karar verdiğiniz anda, enerji yasası çalışmaya başlar.

Asla "bilmiyorum" demeyin, doğuştan aşka dair tüm soruların cevabı içimizde.

İlgili video'lar:

youtube

netd.com

11. AŞK VE KARMA BORCU

Karma Borcu nedir…

Birini kırdığınızda, bilerek ve isteyerek insanları yanılttığınızda, borç alıp ödemediğinizde, aşkta birini haksız yere bıraktığınızda, iftira ettiğinizde, çaldığınızda ve benzer her türlü konuda kendinize "olumsuz karma" yaratırsınız. Karma yaratmak kader konusu ele almayı sevenlerin inandığı ve çekindiği de bir konudur aslında. Başkalarını kandırmakla kendinizi kandırmak arasında aslında karma söz konusu olduğunda hiçbir fark yoktur. Hepimiz bir'iz; birimize olan her birimize oluyor aslında… Başkalarına yaptığınız her kötü şeyi gün ve an gelecek deneyim edeceksiniz. Kötülükten kaçının, kaçındıkça zaten daha olumlu ve akışa uygun konular, kişiler, olaylar sizi çevreleyecek…

Yüksek Benliğiniz ve karma planınız geçmişte yapmış olduğunuz tüm hataları ödemeniz için size fırsatlar sunacaktır; bunları görebilmek önemlidir… Yaşamın tek gerçek ve ilahi amacı "tekamül"e gitmek olduğu için bu gerçekleri göz ardı etmeden yaşayın. Karma Borçlarınızı öderken her zaman

Meleklerden enerji desteği alabilirsiniz... Çok saf ve güzel bir niyet olduğu için, bu yolda size Işık tutacaklar. Yardım isteyin; geçmişteki hatanızı biliyorsanız şimdi onunla yüzleşin ve Allah'ın izni Başmeleğin yardımı ile yaşamınıza bu borcu doğru şekilde ödeyebilmek için hem sizinle olmasını hem de ilgili konuda şanslar sunmasını, doğru mekan-kişi-durum-detayları sizin karşınıza çıkarmasını rica edin. Melekler bu tarz içtenlikli ve sevgi dolu istekleri geri çevirmiyor...

Bu yaşamınızda elde ettiğiniz karma'larınız olduğu gibi, geçmiş yaşam karma'larınız ve ailenizdeki eski nesillerden de gelen yine karma'larınız var. Hepsini detaylı incelemeniz şarttır. Dünyaya yeni gelen bir bebek için Melekler karma ile ilgili notlarını tutmaya başlıyorlar. Aynı bebek nesiller öncesinin karma'sını zaten sırtlayarak geliyor. Neden bazılarımız fakir bazılarımız doğuştan zengin? Neden bazılarımızın elini attığı herşey tılsımlı bir şekilde şansa dönüşüyor ve bazılarımız hep kaybediyor? Neden bazılarımız güzel basılarımız hiç değil?... Cevaplar karma'da ve geçmiş yaşamlarda gizli.

Karma şifalanması için affetmek çok önemli. Affederken en saf enerjiler sizinle olmalı; yani melekler... Allah bizi koşulsuzca sever, biz O'nun zerreleriyiz, O bizi bağışlar. Tövbe etme hakkını bizlere verir. Melekler de Allah'a itaat eder. Meleklerin saf enerjileri ile çalışarak, geçmişi ve geçmişte kalması gerekenleri serbest bırakın. Bunu yaptığınızda "tekrar eden yanlış, sizi üzen, mutsuzluk veren olaylar" gider ve bir daha da geri gelmez...

Yeni bir karma ve Meleklerin de şifa ile eşlik edeceği mutlu bir yaşam için "doğru" olun, cesur olun, sevin-sevilin, hayal kurun, şifa verin, yardım edin, olumlu düşünün, meditasyon yapın, şükredin. Her durumun içinde, sizin için gizli mesajlar ve iyilikler vardır. Bunları görebildikçe zaten artık hep iyi şeyler olmaya başlar... Neye direnirseniz o akıp gider ve değişmez. Serbest olun. İstenmeyen durumlar ile savaşmayın; onları serbest bırakın. "İlgilenmediğiniz hiçbir şey sizi üzemeye de devam edemez..."

Meleklere yakın olmak her zaman olgunluk gerektirir. Bu sistem sevgi yanı ile herkes için ama herkes bu çalışmanın değerini bilemiyor ne yazık ki... Şikayet etmeyin, neden şikayet ettiğinizi bulun. Şikayeti bırakıp yerine mutlu bir hayal bulun. Çok daha verimli olacaktır. Mutlu kişiler meleklere çok daha yakındır. Meleklere siparişi verin, olacağına inanın, sonuca güvenin. Odağınız neyse sonucunuz da odur!

Gerçekten istiyor musunuz?

Bunu hakettiğinize emin misiniz?

Bu gerçekleşince tam olarak nasıl bir sonucu öngörüyorsunuz?

İsteğiniz herkesin hayrına mı?

Gerçekleşirse sizin karmanıza etkileri olumlu mu?

Bu bir hırs mı, gerçek bir istek mi?

Bu konuya olan tavrınız samimi mi?

Bu sorulara cevap verin ve durum ile yüzleşin...

Koruyucu meleğiniz sizi zaten çok çok iyi tanıyor. O, sizin yaşam amacınızı, hedeflerinizi, soru işaretlerinizi, duygularınızı biliyor. Kader planınız ona zaten verilmişti. Ondan gelen yardım ve mesajları alın. Kişisel Koruyucu Meleğiniz sizi seviyor, zor anlarda size Işık tutacak.

Aşkta kul hakkına sakın girmeyin!

Büyü yapmak, yaptırmak, aşktaki konularla ilgili emin olmadan konuşmak, dedikodu yapmak, iftira atmak, kendimizi bilerek ezdirmek (kendi kul hakkımız), çok mutsuz olduğumuz halde gidememek (kendi kul hakkımız), başkalarını olumsuz etkileme riski olan hareketlerde bulunmak, başkalarının ayrılığına sebebiyet vermek, güzel bir aşkı bozmak, bize aşık olan kişiye sert davranmak, bilerek kalp kırmak, destek gördüğümüz halde teşekkür bile etmemek, alay etmek, taciz, yalan söylemek, vaatler yerine getirilmediği halde susmak, ödün vermek, taviz vermek, kendin olamamak, hayır demek yerine evet diyerek kendini gerçekleştirememek, kötü sözler söylenmesine izin vermek... Bu liste uzatılabilir ne kul hakkına girin ne de kendiniz adına kul hakkı yaratın.

KUL HAKKI BÜYÜK KARMA BORCU YARATIR...

İlişkinizde onu veya kendinizi kandırmak, aldatmak, yalan söylemek, olmayan birşeyi var gibi göstermek...

Maddi menfaatler için karşı tarafa kendimizi aşık gibi göstermek...

Teşekkür etmemek, sevildiğimiz halde sevgimizi hiç göstermemek...

Aşk gördüğümüz kişiye saygısız davranmak, onu üzmek, aşkı ile alay etmek...

Emin olmadan başkalarının ilişkilerini eleştirmek...

İlişkide söz verip tutmamak, beklenti yaratıp gitmek...

Ona sormadan onun adına kararlar almak, sonrasında onu bazı şeylere mecbur etmek...

Gururunu zedelemek...

Cinsel taciz, istismar, istemediği şeylere mecbur etmek...

Kendimizi ilişkide ezdirmek, adımıza verilen istemediğimiz ilişki kararlarına uymuş gibi yapmak...

"Hayır" demek doğru iken anı kurtarmak adına "evet" demek...

Kötü söz ve davranışlara katlanmak, vaatler yerine gelmese de susmak katlanmak...

İstemediklerimizi "aman ayıp olmasın" düşüncesi ile yapmak kendimizi zorlamak...

Kul hakkı iki taraflıdır, kişi başkasına da yapabilir kendine de... Bu yukarıdaki listede yer alanlara yaşamınızda fırsat sunarsanız "daha çok üzülür, ezilir, yeniden bunlara benzer acıları davet edersiniz." Başınıza gelenler sizinle alakalı, tutup da karşı tarafı suçlamayın. Herşey bir imtihan. Kul hakkı Üst Benliği harekete geçirmesi için uyarır, Üst Benlik bu yaşanan haksızlığın bedeli olan karma planını sizin için yaratmaya başlar.

GÜZEL OLUMLAMALAR...

Ben aşkta çok şanslıyım...

Güvenilir bir erkeği yaşamıma çekebilirim...

Evlilik aşkı daha da güçlü kılar...

Ne zaman aşık olsam enerjim yükselir...

Cömert ve anlayışlı bir aşk beni bulur...

Ben özel, aranılan ve sevilen biriyim...

Hayat mutluluk üzerine kurulu, aşkta da mutlu olmayı seviyor ve seçiyorum...

Hayatıma giren erkekler/kadınlar bana güzel dersler verdi, sevgiyle anıyorum onları...

Yeni bir ilişki benim için heyecan ve güven demek...

Kocama güveniyorum...

Tam da istediğim gibi bir ruh eşi kapımı çalıyor...

Buluşmalara keyifle gidiyorum...

Karıma saygı ile yaklaşırım, ondan da aynısını görürüm...

Aşk hayatımı aydınlatır...

Herkes ne yaparsa kendine yapar. Evrende büyük ve ilahi bir adalet var. Kul görmese bile herşeyi Allah görüyor, Allah zaten insanın neler yapabileceğini, özgür iradesini nasıl kullanacağını izlemek için Dünya'yı yarattı. Yaptıklarınız iyi ve kötü olarak zaten yine size dönecek. Rahat olun...

Yıllar önce çok zengin ama bir o kadar da kasıntı bir iş adamı ile ilişkim olmuştu. Yaşımın da verdiği tecrübesizlik ile bu adamı çok sevdiğimi sanmıştım. Çok çekici, ünlü ve farklı biriydi. Beni ise yer yer değersiz hissettirmeyi severdi. Günün en önemli ve herkesin buluştuğu saatleri dışında buluşmayı tercih ederdi, ne zaman ona olan aşkımı ifade eden birşeyler söylesem susardı, beni ailesinden kaçırırdı, beni gelip almazdı, aldatırdı ve yalan söylerdi. O zamanlar bunları bana değil de kendisine yaptığını bilmezdim. Zaman geçti ve en sonunda başkası ile nişanlandı hatta ben bunu ilk internette okudum. Okuduğum gibi sokağa fırladım ağlayarak ev bana dar geliyordu... O sokağa çıktığım an, sağnak yağmur başladı, gözyaşlarım yağmur ile harmanlandı. Çok kötü bir gündü...

Aradan yıllar geçti ben zaaflarım nedeniyle onu uzaktan izledim. O nişanlandığı kız onu aldattı bu olay basında bile yer aldı, kendisi rezil oldu. Bana göre bu tam anlamıyla bir ezil olma durumu değil ama o sosyal çevreyi çok takan biri olduğu için bu yorumu herkes onun adına yaptı. Ardından yeni açtığı mağaza hiç iş yapamayarak battı. Sonraları onunla yeni yeni çıkmaya başlayan bir kız bana danışan olarak geldi. Bu kız bana o eski aşkımın, beni ağlatan, bana hayatı dar eden, katı kalpli adamın dayısı gibi kanser olduğunu, çok kilo verdiğini, farklı farklı işlerde hep iflas ettiğini anlattı ve karşımda ağladı. Hala adam bu yeni kıza da bana yaptığı gibi kötü muamele gösteriyordu, yaşam dersini alamamıştı bile.

Burada yaşam dersini o zamanlar ben almıştım. Yaşam dersi şuydu: ALLAH'A HAVALE ETMEK. Allah herşeyin doğrusunu biliyor, sizin aracılığınızla olmasa da başka şekilde ona gerekli ders gidiyor. Buna inanın. Kötülüğe kötülükle de cevap vermeyin. O kötülük sizi bulduysa bulması gerektiği için yine...

Hayat aslında çok güzel...

DÜŞÜNEREK KONUŞUN, KONUŞTUKLARINIZ KADERİNİZ OLUR.

SORDUĞUNUZ TÜM SORULARIN YANITI BİR GÜN SİZE GELİR...

İSTEMEDİĞİNİZ ŞEYLERİ YAPMAYIN.

İŞE YARAMAYAN KONUŞMALARI KENARA ATIN, ENERJİNİZİ ÇALARLAR.

ŞÜPHEYİ BIRAKIN.

"BİLMİYORUM" DİYE BİRŞEY YOK. İÇİNİZ BİLİR!

KENDİNİZİ SEVİN, HATTA EN ÇOK KENDİNİZİ SEVİN.

ÇÖZÜMSÜZ SORUN YOKTUR.

GEÇMİŞ AŞK HATALARI İÇİN ARTIK KENDİNİZİ SUÇLAMAYIN, AN'IN TADINA VARIN.

AFFEDİN VE ÖZGÜRLEŞİN, AFFETMEMEK OLUMSUZU TUTMAKTIR.

NEFESE ODAKLANARA HER GÜNÜNÜZÜ GEÇİRİN, TOPRAKLAMA VE MEDİTASYON YAPIN.

12. RUH EŞİN BİRYERLERDE SENİ BEKLİYOR...

RUH EŞİN SENİN AYNANDIR...

1. Konuşmadan anlaşabilirsiniz.
2. Onun hissettiğini siz de hissedebilirsiniz.
3. En sevdiği haliniz, en saf halinizdir.
4. Seks ruhsal bir birleşme gibi yaşanır.
5. İlk görüşte onun O olduğunu anlarsınız.
6. Sizi en iyi anlayan kişidir, fazla açıklamaya ihtiyaç duymaz.
7. Onunla her şey güzeldir, sorunlar, acılar bile...
8. Size çok benzer ya da çok alakasız biridir size yaşam dersi vermeye gelen...
9. İlişkinizde "telepati" vardır.
10. Birlikte gelecekte yaşayabileceğiniz şeyleri önceden sezersiniz.
11. Yaşamınızda kalıcıdır, geçici bir ilişki ruh eşi ile olmaz.

12. Size göre dünyanın en cazibelisi O'dur.
13. Karma'nızda misyonu vardır: ders vermek, aynalık etmek, sizi korumak, değiştirmek…
14. O size göre başka kimseye benzemez.
15. Tuhaf bir şekilde ondan gelen her şey size uyum sağlar…
16. Onunla geçen zaman su gibi akar, her an sıkılmadan beraber olabilirsiniz.
17. Kokusunu seversiniz.
18. İç sesiniz size Onunla ilgili bilgi verir.
19. Bu sevgiden daha üstün bir durumdur.
20. Onunla değişik ve başka kimseyle olmayan ruhsal bir sözleşmenin içindesinizdir.
21. Kaybetme korkunuz yoktur, O sizindir.
22. Onunla olan ilişki daha öncekiler gibi değildir. İçiniz rahattır…
23. Onu olduğu gibi seversiniz, maddi, menfaate dayalı beklentiler olamaz…
24. Her şey ilk anda başlar, zamanla gelişerek değil…
25. O geldikten sonra siz daha iyi biri olursunuz.
26. Onun gelişi ile yaşamı sorgulama süreciniz başlar.
27. Kimse için yapmadıklarınızı onun için rahatça yaparsınız.
28. Düşünerek değil "hissederek" yol almaya başlarsınız.
29. Plancı olamaz hale gelirsiniz.
30. Onun "ruhuna" dokunabilirsiniz.
31. Bu ilişki sizi daha sezgisel, spiritüel ve mistik biri yapar.

32. Daha önce kimseyi gerçek anlamda sevmediğinizi anlarsınız.
33. O sizin için yaratılmıştır, bu aşkta yanılsama olmaz.
34. Onun iyiliğini istersiniz. Olumsuz duygulara yer kalmaz.
35. Onun üzülmesi sizi yıkar, onu kendinizden çok sevdiğinizi düşünürsünüz.
36. Hayatta en özel anlar onunla geçenlerdir...
37. O ruhsal tamamlayıcınız, eşiniz ve her şeyinizdir.

RUH EŞİNİZİ ÇAĞIRMAK...

Öncelikle büyük ve belki de uzun bir arınma süreciniz olacak. Sizin yaşamınıza dersler vermek için girmiş olan kişileri önce tek tek affetmeniz gerekir, geçmişte kalan ve geçmişte yaşayan biri ruh eşini çağıramaz.

İlahi zamanlamaya güvenin. Herşey aslında olması gerektiği an'da kapınızı çalar.

Sizi aşağıya çeken "kin, nefret, suçlama, korku, inançsızlık, güven sorunu" gibi duygu ve kavramlardan sıyrılmaya bakın. Ruh eşi konusu kutsal ve derinlikli bir konudur. Bu kişi büyük bir aşk için yaşamınıza gelip size inanılmaz anlar, duygular, değişimler yaşatabileceği gibi bambaşka bir noktaya da yaşamınızı çekip sizi düşündürmeye itebilir.

Kısa soluklu, cinsel odaklı, inişli-çıkışlı, samimiyetsiz bir ilişkide çok da fazla ruh eşi efekti olamaz. Çoğu kadın bana danışan olarak geldiğinde ruh eşi ile tanıştığını söyler. Ben de onlara "adam neden ortada yok" o zaman diye sorarım... Ruh eşi sizin anlam yüklediğiniz biri değil, kadınlar kendilerini sevmeyen erkeklerin aslında kendilerini sevdiğine zorla inanmayı seçiyorlar çoğu kez.

Yaşamlarımı boyu tek bir ruh eşimiz olmak zorunda da değil. Sizin tekamül süreciniz ve seviyenize göre bu kişilerin sayısı değişebilir. Bazı insanlar doğumdan ölüme aynı kişi gibi yaşar, bazıları daha hızlı enerji değişimi yaşarlar. Buna göre yaşamlarına çağıracakları ruh eşleri de değişebilir. Ben 20'li yaşlarımı hiç eğlenmesem de gerçekten istemesem de arkadaş çevrem öyle olduğu için İstanbul'daki pahalı restoran, gece kulübü, kuaför ve fitness salonlarında geçirdim. Oralara ait olmadığımı biliyor ama anlamsızca bu hayatı yaşıyordum. 30 yaşımdan sonra bende kaldığı yerden devam eden spiritüel sürecim ve bende doğuştan zaten var olan psişik güçler ile bugün 36 yaşımda, yazdığım bu kitaplar, yaptığım spiritüel seanslar, metafizik deneyimlerden sonra yaşamımda "300bin euro'luk araç kullanan, gece orada burada zıp zıp zıplayan, para dışında konuşacak konusu olmayan, materyalist" bir ruh eşi takdir edersiniz ki bana denk gelmez. BENZER ENERJİLER BİRBİRİNİ ÇEKER.

RUH EŞİNİZİ ARIYORSANIZ, O DA SİZİ ARIYORDUR...

Ruh eşiniz tüm yaşamınız boyunca tanıyacağınız en önemli kişidir. O da sizin gibi tüm hayatı boyunca sizi arar, bekler, düşünür, sizi görünce o kişi olduğunuzu tam da o an'da anlar. Doğuştan ikinizin arasında bu boyutta görünmeyen enerji bağları vardır aslında. Ruh boyutunda birbirinizi duyar veya hissedebilirsiniz de... Onun canı yandığında anlamsızca siz de acı duyabilirsiniz, onun darbe aldığı bir gün başka bir kıtada bile yaşıyor olsa siz de o günü keyifsiz geçirebilirsiniz.

Ruh eşi sana yaşamda görmen gerekenleri göstermek için görevlidir. Eğer gün gelip gitmesi gerekirse de gider buna direnç göstermemelisiniz. Ruh eşinizi sizi blokajlardan kurtarır, enerjinizi artırır, sizi özgür kılar. Kendinizi spiritüel anlamda tanımanızı sağlar.

RUH EŞİ OLUMLAMALARI:

RUH EŞİMİN VARLIĞINI biliyor ve kabul ediyorum, şu anda sevgiye dönüştürüyorum enerjimi, sevgiyle evrene gönderiyorum geçmişi. Hayat güzel. Hayattan zevk alıyorum.

RUH EŞİMİ yaşamıma çekiyorum.

RUH EŞİMİ evren bana en doğru ve en hayırlı zamanda gönderir.

RUH EŞİMİ YAŞAMIMA SEVGİ ve inanç enerjisi ile davet edebilirim. Aşkıma güveniyorum.

RUH EŞİM benim diğer yarım.

RUH EŞİM beni başka bir boyutta tanıyor, seviyor, zaten benimle O.

RUH EŞİM tarafından onaylandığımı bilmek çok güzel.

RUH EŞİME gelene kadar karşıma çıkan her aşk aslında beni ruh eşime hazırladı.

RUH EŞİMLE birlikte ikimizin ve bütünün hayrına olan bir enerji yaratıyoruz.

RUH EŞİM beni anlar.

RUH EŞİMİ ben doğarken zaten seçtim, ruhlarımız hep temastaydı

RUH EŞİM benim iyiliğimi ister.

RUH EŞİM ve ben saf sevginin içindeyiz.

RUH EŞİMİ her an yaşamımda istiyorum.

RUH EŞİM yaşamıma mucizeleri getirir.

RUH EŞİM ve ben muhteşem bir birliktelik ile tüm zamanlara doğru bağlıyız.

RUH EŞİ "MIKNATISI"

21 gece boyunca yatağa yattıktan sonra "uykudan hemen önce bilinçaltına daha rahat mesaj gönderebileceğimiz anda" çalışmayı gerçekleştirin:

Bilinç size gelerek "ruh eşi diye bir şey yok" demeyi sever, o nedenle bu çalışmayı yapmak yukarıda yazdığım gibi alfa boyutuna yaklaşırken daha uygun olacak. Bilinçaltınız konuya inanırsa size onu yaşatmaya başlar!

Aşkta her zaman istediğinizi "çekme" şansınız var, yeter ki o kon bilinçaltınızda olsun…

Sırası ile akupunktur noktalarına vurun:

Başımızın üstü- tepe noktası

Şakaklar

Kaş başlama noktaları

Çene üstü (bombeli nokta)

Burun ile dudak arası

Köprücük kemiği başlangıç noktası (boyun bitimi)

Bu noktalara her gece 30 kere vuruş yapın.

Bu anlarda sadece ruh ikizinize odaklanın, kendinizi bir "aşk mıknatısı" olarak tanımlayın ve kodlayın.

Olumlamalara devam edin vuruş anında:

Ruh eşimi yaşamıma davet ediyorum.

Ruh eşimle yoluma devam etmeye niyet ediyorum.

Ruh eşim yaşamıma doğru çekiliyor.

Onu seviyorum, ona teşekkür ediyorum, onu tüm kalbimle yaşamımda kabul ediyorum.

RUH EŞİM VE BEN ÇALIŞMASI

Her sabah uyandığınızda Ruh Eşinizi imgeleyin.

Canlandırmak sadece olumlama yapmak veya istemekten üstün bir enerjidir.

Kalbiniz sımsıcak sevgi ve mutluluk ile dolsun. Onun dünyanın belirli bir yerinde doğru zamanda karşınıza çıkmak üzere beklediğini bilin.

Kalbinizden ona önce altın sonra pembe son olarak da mor ışık gönderin. Bunun ona ulaştığına inanın. Ondan geri gelen ışığın rengini takip edin ve bu ışığı kalbinize kabul edin.

Ruh eşiniz için bir aşk mektubu yazıp yakıp küllerini deniz suyu ile yollayabilir, en sevdiğiniz kitabın arasında saklayabilir ya da Meleklere bu mektubu postalayıp ona ulaşmasını rica edebilirsiniz. Melekleriniz de sizi daima duyuyor, isteklerinizi severek yerine getiriyor. Bu mektubu sevgi ile mühürleyin ve mektubun yani kağıdın 4 tarafına meleklerin ismini yazmayı unutmayın: JOPHIEL-ARIEL-JEREMIEL-METATRON

Bu çalışma için özel olarak bir AYNA satın alın. Büyük ve sevdiğiniz bir renkte olsun. Ritüelin sonunda Meleklerin ismini söyledikten sonra aynaya bakın, zaman içinde aynadan vizyon bile alabilirsiniz ruh eşinize dair!

RUH EŞİMLE BULUŞMA MEDİTASYONU

Derin derin nefes alın: burundan alıp ağızdan vererek... İÇİNİZDEN sayarak 7'ye kadar nefesi alın, 7'ye kadar yine sayarak nefesi verin. Bu çalışmayı 7 kere tekrar edin.

Lotus pozisyonu bu çalışma esnasında uygun olacaktır. Evdeyseniz ferahlatıcı giysiler içinde olun, ortam mümkünse pastel tonlardan oluşsun ve dinginliği sağlayan gülyağı tütsüsü yakın.

ŞİMDİ: İçinize yaşam ve sevgi enerjisi doluyor PEMBE RENGE ODAKLANIN... Evren ile bir oldunuz ve şimdi, şu anda tam olarak kendinizi çok seviyorsunuz ve akışa güveniyorsunuz.

Siz sevginin en saf halisiniz, aşkı tüm güzellikleriyle hak ediyorsunuz, gerçek aşkı şimdi çekmeye başlayın.

Medite haldeyken, hep sevgide kalın, mutlu anları canlandırın, imgeleyin.

GECE Yeniay zamaı bu çalışma için uygundur, "yeniliğe açılma" kodu ve enerjisi daha güçlü olur.

İçinizden tekrarlayın:

Ruh eşimi yaşamıma çekeceğime inanıyorum
Onun varlığını kabul ediyorum
Onu zaten tanıyorum
Ruhlarımız hep irtibattaydı
Onu yaşamıma şimdi davet ediyorum
Onun beni duyduğunu biliyor ve onaylıyorum
Şimdi ve tüm zamanlara doğru birbirimize çekiliyoruz
O ve ben biriz...

Odanızda ertesi sabah, "ruh eşinize" benzediğine inandığınız birinin resmini yatak odanızda kapıdan içeri firdiğiniz anda sağ tarafta duvara asın.

RUH EŞİM "MELEK RİTÜELİ"

Dolunay zamanı çalışmayı başlatın...

Ruh ikizinizde olmasını istediğiniz tüm özellikleri kırmızı kalem ile gece kağıda yazın.

Kağıdı geceyarısı yakın.

Külleri 7 gece boyunca kristal bir kasenin içinde bekletin, üzerine toz şeker, çörek otu ve pul biber eklemeyi de unutmayın.

Yedinci gece, BAŞMELEK JOPHIEL'in sevgi ve harmoni enerjisine odaklanın. Kaseye doğru kalbinizden pembe ışık gönderin.

Sekizinci gece, BAŞMELEK JEREMIEL'in uyum, anlayış, yenilenme enerjisine odaklanın. Kaseye doğru beyaz ışığı kalbinizden çıkararak gönderin.

Son gece, kaseyi ceviz kabuğunun içine koyun. Ceviz kabuğunu kapalı halde, yağmur suyu alabilecek bir ağaç dibine gömün. Bu çalışmada "yap ve unut" taktiği içinde olun, siz enerjiyi yaptınız, devamını takip etmeyin. Dilekler evrenin en doğru bulduğu anda kapımızı çalacak.

TUĞÇE IŞINSU ile BİREYSEL SEANSLAR:

(telefonda/yüz yüze)

REGRESYON- GEÇMİŞ YAŞAM ŞİFASI

TAROT

AŞK KOÇLUĞU

KİŞİYE ÖZEL SPİRİTÜEL DANIŞMANLIK

MELEK TERAPİSİ

KİŞİYE ÖZEL "AŞK-BAŞARI-DİLEK-BEREKET" TILSIMLARI

Randevu için: 0 535 307 95 28

facebook.com/tugceisinsuOFFICIAL

facebook.com/tugce.isinsu

twitter.com/TUGCE_ISINSU

tugceisinsu.blogspot.com

TUĞÇE IŞINSU
AŞK VE CAZİBE
AKADEMİSİ
Kadınlık tarihinin sıradışı, gizli, mistik
aşk ve cazibe sırlarını emrine sunuyorum.
Önünde diz çökecek erkeği sen seç!
İLK BASKI 20.000
FENİKS

Tuğçe Işınsu
MELEKLER
VE
DÜNYANIN KURTULUŞU
"Dünyayı sadece "gerçek sevgi" kurtarabilir, insanlığı da...
Melek enerjisi ile çalışarak gerçek sevgiyi, kendinizi,
yaşamı ve mucizeleri tanıyabilirsiniz.
Allah'a yakın olmanın ışığı, maneviyatın derinliği,
evrenin en saf enerjisi bizimle...
5. BASKI
FENİKS